소림 단곤 달마장
少林 短棍 達摩杖

정운경 편저
김태덕 번역

머리말

　소림무술(少林武術)은 중국무술의 주요 유파의 하나이며, 오래 전부터 성대한 명성을 누렸다. 달마장(達摩杖)은 또한 소림단곤(少林短棍)이라 불리며, 소림사의 역대 승려들이 연구하여 수련한 무술병기 투로(套路)이다.
　원말명초(元末明初)에, 소림사 내에 불을 피우는 승려가 있었는데, 이름이 아팔승(啞叭僧: 벙어리 스님)이었다. 그는 매일 불을 지펴 밥을 짓는 외에, 곧 부지깽이를 병기로 삼아 달마장(達摩杖)을 수련하였다. 그리고 원래의 달마장법(達摩杖法) 기초 위에, 또한 진일보하여 연구하며 수련하여, 장법(杖法)을 더욱 정묘(精妙)하게 하였다. 한번은 소림사를 호위하는 전투 중에, 그는 부지깽이를 사용하여 적을 격퇴하여 소림사를 지켜냈다. 후에 명제(明帝)가 아팔승(啞叭僧)을 대성긴나라왕(大聖緊那羅王)으로 봉하였고, 그로부터 긴나라왕(緊那羅王)은 영원히 소림사에 모셔졌다. 그가 수련한 '부지깽이(燒火棍)' 무술은, 후세의 사람들이 소림단곤(少林短棍)이라 불렀다.

목 차

머리말 ………………………………………………… 3

소림단곤달마장(少林短棍達摩杖)의 특징 ………… 7

장(杖)의 각 부위 명칭 ……………………………… 8

12장법(杖法) ………………………………………… 10

동작 자세의 연습요령 ……………………………… 13

동작설명과 요결(要訣) ……………………………… 14

역자후기 ……………………………………………… 116

소림단곤달마장(少林短棍達摩杖)의 특징

 달마장(達摩杖)은 역사가 오래되고, 공수(攻守)·진퇴(進退)·허실(虛實)·강유(剛柔) 등의 법칙에 따라서 구성한 무술병기 투로(套路)이다. 이 투로의 내용은 구성이 엄밀하고, 장법(杖法)은 복잡하게 뒤섞여 있다. 손·발·장(杖)이 서로 호응하여 조화되고, 모든 장법(杖法)마다 교묘하게 인체의 급소부위를 공격하니, "위로는 머리를 공격하고, 아래는 뿌리를 차단하며, 양측으로는 손목을 가로막고, 가운데는 심장을 찌른다(上打頭, 下擋根, 兩邊截腕, 中扎心). 또한 장법(杖法)의 수비는 빈틈이 없고, 교묘하게 유인하여 승리를 취하니, 위를 가리키며 아래를 공격하고, 좌(左)를 가리키며 우(右)를 공격하고, 앞을 가리키며 뒤를 공격하고, 이쪽을 치는 척하며 저쪽을 치고, 한 기세(氣勢)가 다음 한 기세(氣勢)를 연결하며, 계속하여 긴밀하게 이어진다. 장(杖)이 한차례 공격하여 명중하지 않으면 다시 공격하고, 다시 공격하여 명중하지 않으면 연속하여 공격한다. 달마장(達摩杖)은 도합 8쟁(趟: 차례·번)이며, 매 한 쟁(趟)은 6장(杖)으로 모두 합해 48장(杖)이다. 권술가가 말하기를: "달마장법은 48수가 있어, 어디에서나 나를 지켜주고, 심야에 숙달되게 연습하니 다른 사람이 보기 어려우나, 강한 적수를 만나면 장법을 발휘한다(達摩杖法四十八, 裡裡外外它看家, 子丑譜習人難見, 遇到强手顯杖法)".

 달마장(達摩杖)은 공격과 방어가 교묘한 특징이 있을 뿐만 아니라, 더욱이 '호흡을 가다듬고(調氣)'·'혈을 보양하며(養血)'·'근육을 펴주고(舒筋)'·'뼈를 튼튼하게 하며(堅骨)'·'근육을 발달시켜(發肌)' 몸을 튼튼히 하는 작용이 있으니, 오래 수련하면 체질(體質)을 증강할 수 있다.

장(杖)의 각 부위 명칭

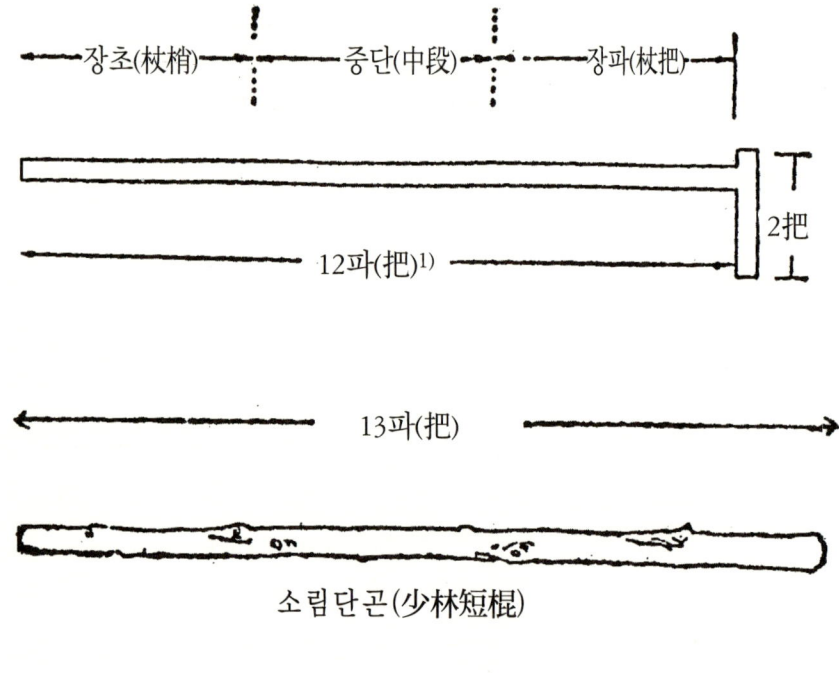

(그림 1)

---

1) 역자註 : 1파(把)는 한 손의 다섯 손가락과 손바닥으로 감싸 쥐는 길이, 즉 한 움큼이다.

장(杖)을 잡는법

"한 손으로 잡기(單手握)" : 장초(杖梢) 혹은 장파(杖把)의 '세 번째 움큼(第3把)'인 곳을 잡는다.

"양 손이 가지런히 잡기(順把握)" : 양 손의 호구(虎口: 엄지와 식지의 사이)가 같은 방향으로 향하여 장(杖)을 잡는다.

"양 손이 마주하여 잡기(對把握)" : 양 손의 호구(虎口)가 서로 마주 향하여 장(杖)을 잡는다.

12장법(杖法)

　달마장(達摩杖)은 한 손 혹은 양 손을 사용하여 장(杖)을 잡아 쥐며, 장(杖)의 양쪽 끝을 모두 사용하고, 구(鉤 : 병기의 일종)· 렴(鐮)· 괴(拐)· 곤(棍) 중의 구(勾)2) · 괘(掛) · 포(抱) · 가(架) · 발 (撥) · 료(撩) · 붕(崩) · 점(點) · 격(擊) · 착(戳) · 벽(劈) · 당(擋) 등의 12종류 주요기법을 사용하여, 달마장(達摩杖)의 투로(套路)를 구성한다.

구(勾)

　양 손 혹은 한 손으로 장초(杖梢) 부위를 잡아, 앞으로부터 뒤쪽 아래 방향으로 걸어 채워 끌어당기거나, 위로부터 좌(左)나 우(右)의 아래 방향으로 걸어 채워 끌어당기거나, 아래로부터 좌(左)나 우(右) 방향으로 걸어 채워 끌어당긴다.

괘(掛)

　장초(杖梢) 혹은 장파(杖把)를 사용하여 앞으로부터 측면 뒤 방향이나 혹은 측면 뒤 아래 방향으로 밀어제쳐 벌려 놓으며, 장(杖)은 몸에 바짝 접근해야 한다.

포(抱)

　양 손이 가지런히 잡아 쥐되, 나란히 합쳐 잡거나 혹은 양 팔이

---

2) 역자註 : 각 장법(杖法)은 동작을 익히면서 저절로 알 수 있다.

교차하여 잡으며, 장(杖)을 몸 앞이나 혹은 몸 측면에 품어 안고, 흔들거려서는 안 된다.

가(架)

장(杖)을 가로지게 수평으로 하여, 아래로부터 머리 위로 향하여 쳐들어 올리며, 역점(力點)은 중단(中段)에 있다.

발(撥)

장초(杖梢)를 비스듬히 앞쪽 위 방향 좌우로 향하여 밀어제쳐 돌리며, 힘을 들여 가뿐히 경쾌하고 안정되며, 동작의 폭은 너무 크지 않아야 한다.

료(撩)

장(杖)을 몸의 좌측 혹은 우측을 따라서 아래로부터 위로 '세운 원(立圓)' 형태로 휘둘러, 앞으로 향하거나 혹은 뒤로 향하여 치켜 걷어올려 나가며, 속도가 빨라야 하고, 역점(力點)은 장초(杖梢)에 있다.

붕(崩)

손목 힘을 사용하여 장초(杖梢)를 아래로부터 위로 향하거나 혹은 좌우로 향하여 폭발하듯이 쳐들어 올리며, 짧고 촉박하게 힘을 들이고, 역점(力點)은 장초(杖梢)에 도달한다.

점(點)

　손목 힘을 사용하여 장초(杖梢)를 위로부터 아래로 향하며, 짧고 촉박하게 힘을 들이고, 역점(力點)은 장초(杖梢)에 도달한다.

격(擊)

　장초(杖梢) 혹은 장파(杖把)를 평평하게 좌(左) 혹은 우(右)로 향하여 힘을 들여 가로지르며 타격하고, 힘은 장(杖)의 끝 부위에 도달한다.

착(戳)

　장초(杖梢) 혹은 장파(杖把)를 직선으로 앞으로 향하거나 혹은 앞쪽 위 방향으로 향해 찔러 공격하며, 힘은 장(杖)의 끝에 도달한다.

벽(劈)

　장(杖)을 위로부터 아래로 향해 쪼개어 패듯이 찍어나가서, 날쌔고 맹렬하여 힘이 있으며, 힘은 장(杖)의 앞 끝 부위에 도달한다.

당(擋)

　장초(杖梢)를 허리 부위 아래로부터 평평하게 벌리거나 혹은 장초(杖梢)를 땅에 붙여서, 장신(杖身)을 경사지게 기울려 휘둘러 벌리며, 재빠르게 힘이 있어야 하고, 힘은 장(杖)의 앞 끝 부위에 도달한다.

동작 자세의 연습요령

　달마장(達摩杖)의 모든 동작은, 수(手)·안(眼)·신(身)·보(步)·장(杖)이 긴밀하게 호응하여 보조를 맞추어서, 온몸이 협조하여 신(身)과 장(杖)이 하나로 합치되며, 전신 각 부위의 동작과 장법(杖法)이 고도로 협조됨을 완전히 표현해내어야 한다. 장법(杖法)은 '부드러운 중에 단단함을 품어 있어야(柔中含剛)' 하며, 안신(眼神 : 눈매·눈빛)을 집중하여 흐트러지지 않고, 신법(身法)이 완전무결하여 해이(解弛)되지 않으며, 보법(步法)은 침착하여 묵직하게 힘이 있어 들뜨지 않고, 동(動)과 정(靜)이 서로 번갈으며, 리듬이 분명하고, 운동속도는 신중하게 침착되어 완만(緩慢)해야 한다. 그러므로 달마장(達摩杖) 수련은 이 장(杖)의 각종 동작에 내포된 의미와 운동규칙, 아울러 그것들의 서로 다른 역점(力點)·방위(方位) 그리고 노선(路線)을 반드시 잘 이해하여 파악해야 하며, 그것들의 서로 다른 운동 자태(姿態)와 속도를 상세히 알아야 하고, 또한 운동과정 중에 그것들을 아주 분명하게 표현하여 묘사해내어야 한다. 이처럼 세밀한 운동규칙을 엄격히 준수하여서, 이로써 달마장(達摩杖)의 풍부하고 아름다운 동작을 뚜렷이 나타내 보인다. 속담에 "권술은 천 번을 하면, 공부(工夫)가 저절로 나타나고, 장법(杖法)은 항상 수련하면, 민첩하여서 변화하기 쉽다"고 하며, 정통하고자 하면, 반드시 성실하게 연구하고, 끝까지 지속하여 꾸준히 연습해야 한다.

동작설명과 요결(要訣)
예비식(預備式)

양 발은 보(步)를 합하여 바로 선다. 오른손은 장구(杖鉤 : 지팡이 손잡이의 굽은 곳)로부터 3파(把)인 곳에서 손바닥을 뒤집어 장(杖)을 잡아 쥐어, 호구(虎口)가 아래로 향하고, 장구(杖鉤)가 아래로 향하며, 구첨(鉤尖 : 장구의 끝)이 뒤쪽으로 향하고, 오른팔 뒤에 곧게 세워 바짝 달라 붙인다. 왼손은 자연스럽게 아래로 내려뜨리고, 눈은 앞쪽으로 향해 수평으로 바라본다. (그림 2)

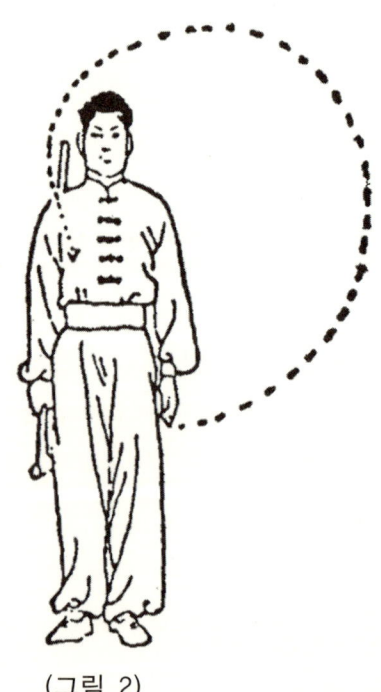

(그림 2)

기세(起勢)

눈을 앞세워 이끌며, 왼손은 조구수(刁鉤手)³⁾로 변하여, 왼팔을 좌(左)로 향하다가 위로 향하여 호형(弧形 : 활처럼 굽은 모양)으로 휘둘러 머리 위 우측(右側)에 들어 올리고, 왼손은 세운 장(掌)으로 변하여 몸 우측(右側)을 따라 아래로 내려 오른쪽 겨드랑이 내측(內側)에 이른다. 눈은 손을 따라서 돌아 머리 우측(右側) 위 방향에 이를 때, 앞쪽으로 향하여 수평으로 바라본다. (그림 3)

(그림 3)

---

3) 역자註 : 조구수(刁鉤手) 혹은 조수(刁手)는 손목을 굽히며, 엄지 식지 중지를 자연스럽게 안으로 합하여 손가락 끝을 한데 모아 붙여 쥐고, 나머지 두 손가락은 굽혀서 손가락 끝을 장심에 붙인다. 조수(刁手)는 손목을 굽히며, 안으로 향하거나 혹은 밖으로 향해 훑어 잡아채어 붙잡는 방법이며, 힘이 손가락에 도달해야 한다. 이것은 당랑권(螳螂拳) 중에 상용하는 수법이다.

제 1 쟁(第一 趙)

1. 발운망월(撥雲望月)
구름을 헤치고 달을 바라보다

(1) 오른발을 들어 올려서, 아래로 내려 차며 진각(震脚)[4]하고, 오른다리는 무릎을 굽히며, 왼발은 발꿈치를 들어올려 정보(丁步)[5]로 변한다. 동시에 허리를 조금 좌(左)로 돌리며, 오른손이

---

4) 역자註 : 진각(震脚)은 발바닥 전체로 지면에 무겁게 내려차거나 혹은 발꿈치로 지면에 무겁게 내려차고 다시 발바닥을 착지한다. 진각(震脚)하는 방법은 한 발을 거두어들이며 진각(震脚)하거나 혹은 보(步)가 나가며 진각(震脚)하는 등 여러 종류가 있고, 양 발의 허실(虛實)도 변화하여 수련할 수 있다. 예컨대 진각하는 발에 체중을 모두 실어서 내려차거나, 혹은 마치 겨울에 물가에서 한쪽 발은 땅 위에 딛고 다른 발로 얼음을 깰 때 얼음을 깨고서 발이 물에 빠지지 않도록 한쪽 발에 체중을 모두 싣고 땅에 서서 몸을 지탱하면서 다른 발은 내려차 얼음을 깨는 듯한 진각방식도 있다. 진각(震脚)은 발차기의 공력(功力)을 단련할 수 있으며, 전신의 기력을 동원하여 돌연히 폭발시켜 동작으로 하여금 전신을 뒤흔들어 힘이 있게 하며, 전신이 한 기세(氣勢)를 이루어 내외(內外)가 합해지고 상하(上下)가 협조하여 전신의 경(勁)이 완전무결하게 일체를 이루는 작용을 한다. 진각(震脚)동작에 "내쉬는(呼)" 숨을 배합하여 발경(發勁)의 진공(進攻)동작을 하면, 기(氣)로써 힘을 북돋워 촉진할 수 있어 파괴력이 생긴다. 진각(震脚)동작 시에 무릎과 뒷골에 충격이 전해져 부상을 입지 않도록 주의한다.

5) 역자註 : 정보(丁步)는 양 다리가 무릎을 조금 굽히며 모아서 반쯤 웅크려 앉고, 한 발은 발바닥 전체를 땅에 붙여 지면에 지탱하며,

잡은 장(杖)은 팔을 곧게 펴며 좌(左)로 향하다 뒤로 향해 휘감아 돌린다. 왼팔 아래팔뚝은 밖으로 돌리며(아래팔뚝을 시계반대 방향으로 돌린다) 팔꿈치를 굽혀 장심(掌心)이 위로 향하여, 앞으로 내밀어 오른팔 팔꿈치 아래에서 '양 손이 가지런히(順把)' 하여 장(杖)을 받아 쥔다. 장구(杖鉤)는 몸 좌측(左側)에 있고, 구첨(鉤尖)은 앞쪽으로 향하며, 장초(杖梢)는 몸 우(右) 위쪽 방향으로 향한다. 눈은 앞쪽 방향으로 바라본다. (그림 4)

(그림 4)

(2) 상체의 동작은 멈추지 않고, 양 손은 손을 비틀어 돌리며, 장파(杖把)를 계속하여 위로 향하다 우(右) 위쪽 방향으로 휘감아 "돌려서(撥動)", 장구(杖鉤)가 오른손 방향에 있고, 장초(杖梢)는 비스듬히 세워서 왼쪽다리 앞 외측(外側)에 있으며, 힘은 장파(杖

다른 한 발은 발끝을 땅에 붙여서, 지탱하는 발의 내측(內側)에 가까이 다가간다.

把)에 도달한다. 눈은 수평으로 앞쪽 방향을 바라본다. (그림 5)

(그림 5)

(3) 상체의 동작은 멈추지 않으며, 왼발이 반보(半步) 나가고, 발바닥 앞부분을 땅에 붙여서 좌허보(左虛步)6)가 된다. 동시에,

---

6) 역자註 : 일반적인 허보(虛步)는, 양 발의 전후(前後) 거리가 대략 자신의 발 길이의 두 배 정도이며, 중심(重心)을 뒤쪽 다리에 두어 체중을 모두 실어서, 무릎을 굽혀 웅크려 앉아 대퇴(大腿)가 거의 수평에 가깝도록 몸을 낮게 내리고, 뒤쪽 발은 정면을 기준으로 하여 발끝을 밖으로 45도 벌리며, 앞쪽 발은 발끝을 지면에 가벼이 붙이거나 혹은 체중을 싣지 않고 발바닥을 지면에 붙여서, 발끝이 앞쪽 정면으로 향하고 무릎은 굽히며 약간 안으로 걸어 채워 가두는 듯하고, 양 무릎은 가까이 접근하여 약 10여 센티미터 거리를 둔다.

이처럼 낮은 자세를 취하려면 체중이 실리는 뒤쪽 다리의 지탱력(支撐力)이 관건이며, 힘이 약한 사람은 먼저 자세를 높게 수련하여 다릿심을 서서히 양성하면서 차츰 자세를 낮춘다. 가능한 낮은 자세를 취하여 수련하면, 처음 배울 때 흔히 기세(氣勢)가 들떠 정신이 집중되지 않고 미끄러지듯 건성으로 동작이 지나쳐버리는 폐단을 면할 수 있다. 특수한 자세를 제외한 일반적인 무술수련의 상체(上體)자세는 곧고 바르게 세워야 하며, 정수리의 백회혈(百會穴)과 사타구니의 회음혈(會陰穴)이 수직을 이루고, 정수리를 가벼이 위로 이끌어 올리며, 회음혈(會陰穴) 부위는 아래로 내려서, 상하(上下)로 몸을 곧게 펴서 늘이는 자세를 유지한다. 허보(虛步)자세를 취할 때 대부분의 사람들이 흔히 둔부(臀部)를 뒤로 내밀면서 상체를 앞으로 기울이는데, 엉덩이를 뒤로 내미는 자세는 몸이 아래위로 나누어지므로 경정(勁整 : 온몸의 勁이 완전무결하게 일체를 이룸)을 이룰 수 없다. 허보(虛步)자세뿐만 아니라 다른 자세에서도 골반 아래쪽을 극히 조금 앞쪽 위로 들어올려서 허리부위의 척추 특히 미추(尾椎)를 곧게 펴야 하며, 이처럼 허리를 곧게 펴면 또한 아랫배를 수축하여 들이게 되고 항문(肛門)을 들어올리게 된다. 단전(丹田)을 의식하며 기운을 모으는 것은 무술수련의 관건일진데, 단전(丹田)을 양성하려고 흔히 아랫배를 부풀려 팽팽하게 하는 것은 옳은 방법이 아니다. 항문(肛門)을 들어올리며 기(氣)를 아래로 내려야 비로소 단전(丹田)을 제자리에 바로잡아 양성할 수 있고, 또한 '등배에 기세를 갖춤(氣貼脊背)' 수 있다. 그러나 척추(脊椎)를 곧게 펴서 상체가 치우침 없이 곧고 바른 자세를 취할 수 있는 관건은 바로 과(胯)에 있다. 과(胯)는 허리와 다리 사이의 연결부위를 가리키며, 힘을 발출하는 가장 주된 부위라 할 수 있고, 좌우(左右)의 과(胯)가 수평을 유지하는 것은 무술자세의 기본적인 중요한 핵심이라 하여도 과언이 아니다. 예컨대 허보(虛步)자세에서 체중이 실리지 않아 허(虛)인 다리의 과(胯)는 흔히 앞쪽으로 기울어지며, 그 결과 둔부를 뒤로 치켜들고 상체가 비뚤어진다. 좌우(左右)의 과(胯)가 수평을 유지해야만 상체가 곧고 바를 수 있다. 좌우(左右)의 과(胯)가 한쪽으로 기우는 경우는 한쪽 다리를 들어올리는 독립식(獨立式) 자세에서 더

양 손을 사용하여 힘을 합하여 장초(杖梢)를 좌(左) 아래로부터 뒤로 향하다가 위로 향하고 앞으로 향하며, 우(右)로 향해 비스듬히 "타격(擊)"한다. 오른손 수심(手心: 장심)은 위로 향하고, 왼손 수심(手心)은 아래로 향하며, 비스듬히 "타격(擊)"하는 동작은 신속하고 맹렬하여 힘이 있어야 하며, 힘은 장초(杖梢)에 도달한다. 장초(杖梢)의 높이는 눈과 같은 높이이며, 눈은 장초(杖梢)를 바라본다. (그림 6)

(그림 6)

욱 현저하며, 한쪽으로 기우는 정도는 극히 미세한 정도라고 치부하여 소홀히 하기 쉬우나, 그 미세한 차이를 파악하면서 몸을 조정하며 바로잡아야만 허리의 힘을 양성할 수 있고 올바른 자세를 체득할 수 있다.

2. 몽두원앙(蒙頭鴛鴦)
머리를 덮씌우며 원앙각을 차다

(1) 왼발 발바닥 앞부분을 축(軸)으로 삼아, 발꿈치를 안으로 꺾어 돌리며 체중을 옮겨 싣고, 오른발은 발꿈치를 들어올리며, 상체를 조금 좌(左)로 돌려서, 양 다리가 교차한다. 동시에 오른손은 느슨하게 잡으며 장초(杖梢)로 향하여 미끄러지고(양 손의 거리는 약 10센티미터), 장구(杖鉤)를 우(右)로부터 위로 향하다 좌(左)로 향하여서 좌(左) 앞쪽 위 방향에 이를 때, 양 손은 왼쪽 옆구리에 붙여 뒤쪽 아래 방향으로 향하여 맹렬하게 끌어당긴

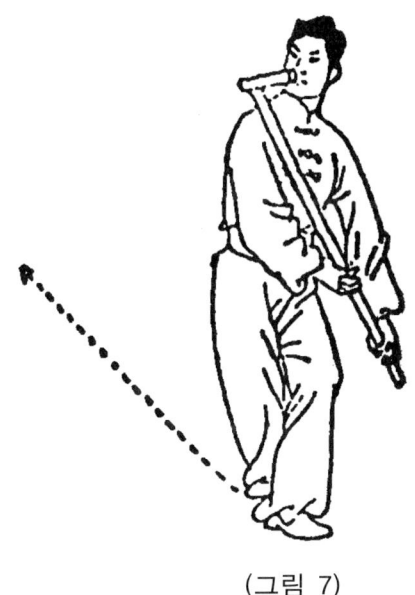

(그림 7)

다. 힘은 장구(杖鉤)에 도달하며, 구첨(鉤尖)이 좌(左)로 향하고[7],

장구(杖鉤)는 코와 같은 높이이며, 눈은 우(右) 앞쪽 방향을 바라본다.8) (그림 7)

 (2) 체중을 앞으로 이동하고, 왼쪽다리를 조금 굽히며, 오른다리 아랫다리를 들어올려서, 우(右) 앞쪽 방향으로 향해 "튕겨내듯이 차며(彈踢)", 발등을 팽팽히 펴서 수평으로 지탱하여, 발끝을 안으로 꺾어 돌리고, 발은 사타구니와 같은 높이이며, 눈은

(그림 8)

우(右) 앞쪽 방향을 바라본다.9) (그림 8)

---

7) 역자註 : 장구(杖鉤)가 없는 막대기로 수련하는 경우에는 구첨(鉤尖)의 방향에 대하여 복잡하게 신경을 쓸 필요가 없다. 동작이 익숙해지면 장구(杖鉤)나 구첨(鉤尖)의 방향은 공방(攻防)의 수법에 따라 저절로 응용하여 적절하게 사용할 수 있다.
8) 역자註 : 가령 남쪽을 바라보며 예비식을 시작하였으면, 우(右) 앞쪽 방향은 대략 남서(南西)방향이다.
9) 역자註 : 무술을 배운 적이 없는 독자께서 혼자 책을 통하여 자세와 동작을 배우려면 많은 어려움이 있겠으나, 효과적인 수련방법이 있

다. 무술의 자세와 동작은 평상시의 일상생활에서 사용하는 몸짓과는 다름으로 인해 초보자에게는 생소할 수밖에 없다. 그러므로 초보자는 먼저 그 자세에 소용되는 근육과 관절을 양성하여 필요한 힘을 갖추어야만 기술 또한 익힐 수 있다. 자세는 그림에 따라서 자세를 취해 거울에 비추어보며 교정한다. 자신이 취한 자세의 높이나 몸의 기울기 등은 자신이 자각하기 어려우므로, 다른 사람이 교정해 주지 않을 경우에는 반드시 거울에 스스로 비추어 보며 교정해야 한다. 동작을 익히려면 먼저 그 동작의 처음 자세를 정지한 자세로 익힌 후에, 동작 과정 중의 그 다음 자세를 임의로 선택하여 역시 정지한 자세를 익혀서, 이러한 자세들을 연결하면 동작은 이루어진다. 이처럼 정지한 자세를 수련하는 것을 참장(站椿)수련이라고 하며, 공(功)을 수련해낼 수 있고 또한 양생(養生)의 방법이기도 하다. 무술속담에 이르기를, "권술을 수련하되 공(功)을 수련하지 않으면, 늙을 때까지 수련해도 한바탕 허사일 뿐이다(練拳不練功, 到老一場空)"라고 하는데, 권(拳)은 초식(招式)이나 전체 투로(套路)와 같은 무술의 공방동작(攻防動作) 기교(技巧)를 가리키고, 공(功)은 그 동작에서 필요로 하는 체능(體能) 즉 공력(功力)을 가리킨다. 참장(站椿)은 자세를 취하여 전신을 이완하여 느슨히 해야 하며, 고의로 몸에 힘을 들여서는 안 된다. 힘을 들이지 않으나, 몸은 자기도 모르는 사이에 힘이 들어가기 일쑤며, 그러면 다시 이완시켜 느슨히 한다. 머리끝에서 발끝 손끝까지 의념(意念)을 집중하여 잡념을 없애며, "의식을 사용하고 힘을 사용하지 않는다(用意不用力)". 몸을 뻣뻣이 경직되지 않도록 특히 주의 하며, 이완시켜 부드러움을 운용하여 점차로 강함을 이룬다. 호흡은 처음에는 자연스럽게 호흡하다가, 점차 복식호흡을 하여서, 역복식호흡(逆腹式呼吸)으로 전환한다. 역복식호흡(逆腹式呼吸)은 숨을 들이마시며 횡경막을 올리고 가슴을 팽창하며 아랫배를 수축하고, 숨을 내쉬며 횡경막을 내리고 가슴을 수축하며 아랫배를 팽창하는 호흡법이다. 호흡은 가늘고 길며 균일하고 리듬이 있으며 자연스럽게 한다. 참장(站椿)은 여러 가지 이로움이 있으며, 몸의 자세에 정확히 규격화(規格化)된 원동력을 형성하여 몸에 각인(刻印)시키므로, 즉 몸에 정형화(定型化)된 틀이 잡히는 것

3. 영면통천(迎面通天)
얼굴을 마주하여 하늘에 닿다

    오른발을 우(右) 앞쪽 방향에서 땅에 내리고, 무릎을 굽혀 앞으로 구부리며, 왼쪽다리는 곧게 쭉 펴서, 우궁보(右弓步)[10]가 된다. 동시에 양 손이 잡은 장(杖)은 앞쪽 위 방향으로 "찔러(戳)" 나가며, 힘은 구정(鉤頂:손잡이 끝)에 도달한다. 구첨(鉤尖)은 좌

    이며, 공부(功夫)를 체득하는 효과적인 내공수련(內功修練)이다.
    권술 투로(套路)나 병기술 투로(套路)를 처음 배울 때는, 흔히 의욕이 앞서서, 자세나 동작이 익숙해지기 전에 새로운 초식을 먼저 익히려 하나, 이러한 방법은 바람직하지 않다. 한 초식을 오래 수련하여 익숙해진 후에 다음 초식을 익히는 방법이 오히려 빨리 공(功)을 이룰 수 있다. 참장(站椿)수련을 한 후에는 반드시 산보를 충분히 하여 근육의 피로를 풀어주도록 하며, 수련 후의 충분한 산보는 본 수련에 못지않게 중요하다.

10) 역자註: 궁보(弓步)는 궁전보(弓箭步)라고도 하며, 양 발은 거리가 대략 본인 발길이의 4·5배가량이고, 앞쪽 다리는 무릎을 굽혀서 대퇴부가 거의 수평에 가까우며, 무릎은 좌우로 기울지 않고, 발끝은 앞으로 향하거나 혹은 조금 안으로 꺾어 돌리며, 뒤쪽 다리는 무릎을 펴서 곧게 지탱하고, 발끝은 안으로 45도 가량 꺾어 돌리며, 양 발 모두 땅에 붙여서, 몸의 중심(重心)은 앞쪽 다리에 편중하고 (대략 체중의 7할이나 혹은 8할 가량을 싣는다), 양 발은 일직선상에 서지 않고, 좌우가 대략 주먹 하나 정도의 간격을 띄운다. 궁보(弓步)자세 또한 허보(虛步)자세와 마찬가지로 둔부(臀部)를 뒤로 내밀지 않고, 좌우(左右)의 과(胯)가 수평을 유지하도록 주의하여 상체를 바르게 세운다. 소림권의 궁보자세는 뒤쪽 다리 무릎을 곧게 펴서 지탱하나, 예를 들어 내가권(內家拳)인 태극권의 궁보자세는 뒤쪽 다리 무릎을 조금 굽혀서 지탱하기도 한다.

(左)로 향하고, 높이는 머리 높이와 같다. 장초(杖梢)는 가슴과 같은 높이이며, 눈은 장구(杖鉤)를 바라본다. (그림 9)

(그림 9)

4. 개문견산(開門見山)
문을 열어 곧바로 산을 보다

(1) 체중을 뒤로 이동하며, 상체를 약간 뒤로 젖히고, 허리는 조금 우(右)로 돌린다. 동시에 오른손은 장구(杖鉤)를 조금 우(右) 뒤로 향하여 이끌어서 장구(杖鉤)가 머리 우(右) 위쪽 방향에 이른다. 눈은 앞쪽 방향을 수평으로 바라본다. (그림 10)

(2) 오른발이 반보(半步) 나가고, 왼발은 발을 땅에 끌며 반보

(그림 10)

(半步) 나가서, 여전히 우궁보(右弓步)가 된다. 동시에 오른손이 장(杖)을 잡아 뒤로 향하며 좌(左)로 향하다가 우(右)로 향해 휘돌려서 머리 앞쪽 방향에 이르고, 높이는 눈썹과 같다. 구첨(鉤尖)은 밖으로 향하고, 힘은 구첨(鉤尖)에 도달하며, 오른손의 장(杖)을 좌(左)로 향해 휘돌리는 동시에, 왼손은 장(杖)에서 이탈하여 밖으로 벌려 지탱하며, 장심(掌心)이 밖으로 향하고, 양 손목은 높이가 어깨와 같으며, 양 팔 모두 호형(弧形)을 이루고, 눈은 구첨(鉤尖)을 바라본다.[11] (그림 11)

---

11) 역자註 : 길이가 짧은 병기(兵器)의 기법(技法)은 병기를 잡지 않은 손의 운용에도 주의해야 하며, 병기를 잡지 않은 손이 병기와 협조하여 호응해야만 자세가 바르고 동작이 순조로워 안정되며, 병기를 격발(擊發)하는 힘을 강화할 수 있다. 병기를 잡지 않은 손과 병기가 같은 방향으로 이끌고 따라가거나, 한 데 합쳐서 호응하여 운동하거나, 서로 반대방향으로 대칭하여 호응하며, 여하튼 병기를 잡지 않은 손도 병기를 잡은 손과 같이 운동해야 한다.

(그림 11)

5. 옥녀채상(玉女探桑)
미녀가 뽕잎을 따다

(1) 허리를 조금 좌(左)로 돌리며 체중을 왼다리로 이동하고, 동시에 장구(杖鉤)는 아래로 향하다가 좌(左) 뒤로 향하여 돌아간다. 동시에 좌장(左掌)을 오른쪽 겨드랑이 아래에 끼워 넣어서, 장심(掌心)이 뒤로 향한다. 눈은 앞쪽 방향으로 바라본다.(그림 12)

(2) 상체의 동작은 멈추지 않고, 왼발이 보(步)를 나가며, 무릎을 굽혀 앞으로 구부리고, 오른다리는 곧게 뻗어서 좌궁보(左弓步)가 된다. 동시에 오른손은 장구(杖鉤)를 계속하여 위로 향하고 앞으로 향하다가 아래로 향하여 휘둘러 "쪼개어 패듯이 찍어

(그림 12)

(劈)"12), 구첨(鉤尖)이 아래로 향한다. 장구(杖鉤)를 아래로 향하

---

12) 역자註 : 벽(劈)은 휘둘러 후려 패어 쪼개는 듯한 동작이며, 예컨대 나무를 도끼로 팰 때, 도끼가 나무에 박히기만 하면 나무를 쪼개지 못할 것이므로, 나무를 두 조각으로 쪼개어버리도록 깔끔하고 세찬 경(勁)을 마지막 순간에 가속하며 찍어야 한다. 타격할 때의 발경(發勁)방법에 대하여 이 책에서는 달리 언급하지 않았으나, 권술이나 각종 병기술(兵器術)의 일반적인 격발(擊發)방법은, 공격목표에 접근하여 타격하려는 순간에 돌연하며 폭발적인 힘을 가속하여 짧고 촉박하게 발출하며, 이것을 촌경(寸勁)이라 한다. 촌경(寸勁)을 발출하려면, 먼저 전신의 경(勁)이 완전무결하게 일체를 이룰 수 있어야 하고, 이것을 정경(整勁)이라 하며, 온몸의 힘이 한 기세를 이루어 공격목표에 집중하는 것이다. 무술속담에 말하기를, "운행하는 과정은 부드러워야 하고, 목표지점에 도달하면 굳세어야 한다(運化要柔, 落點要剛)" 혹은 "수법의 처음 시작은 부드럽기가 솜털 같고, 몸에 닿으면 단단하기가 무쇠 같다(出手軟如棉, 沾身硬似鐵)"라고 하며, 발경동작의 과정 중에는 먼저 근육을 상대적으로 느슨

(그림 13)

여 휘둘러 "찍는(劈)" 동시에, 왼손은 아래로 향하고 뒤로 향하다가 위로 향하면서 장심(掌心)을 장(杖)의 중단(中段)에 붙여서 아래로 억누르며, 양 호구(虎口)가 서로 마주 향하고, 장구(杖鉤)는 높이가 머리를 약간 초과하며, 장초(杖梢)는 가슴 앞에 있고, 눈은 장구(杖鉤)를 바라본다. (그림 13)

(3) 왼손은 느슨히 헐겁게 잡고, 오른손은 장초(杖梢)를 움켜잡으며, 뒤쪽 아래 방향으로 향해 거두어 끌어당겨서, 오른손이 오른쪽 배 앞에 멈추고, 왼손은 미끄러져 장파(杖把)에 이르며, 장구(杖鉤)는 높이가 가슴과 같고, 눈은 앞쪽 방향으로 바라본다. (그림 14)

히 이완하여 외형상 비교적 부드러우며 완만하나, 목표지점에 접근할 때 돌연히 가격속도를 빨리하여 근육을 수축하며 전신이 완전 무결하게 일체를 이루어 힘을 집중하는 폭발력으로써 공격목표에 전달한다. 그러므로 병기술(兵器術)의 첫째 관건은 몸과 병기(兵器)가 일체가 되는 것이며, 병기(兵器)는 팔의 연장체(延長體)가 되어야 한다.

(그림 14)

(4) 왼손은 느슨히 헐겁게 잡고, 오른손은 장초(杖梢)를 움켜잡으며, 앞쪽 위 방향으로 향하여 "찔러(戳)" 나가고, 왼손은 미끄러져 장초(杖梢)에 이르며, 힘은 구정(鉤頂)에 도달하고, 구첨(鉤尖)은 아래로 향하며, 장구(杖鉤)는 높이가 머리와 같고, 눈은 장구(杖鉤)를 바라본다. (그림 15)

(그림 15)

6. 후납파복(後拉破腹)
뒤로 끌어당기고 배를 격파하다

(1) 오른손이 장(杖)을 움켜잡고 뒤로 끌어당기며, 왼손은 느슨히 헐겁게 잡아서 미끄러져 장파(杖把)에 이르러, 꽉 움켜잡으며, 힘은 장초(杖梢)에 도달하고, 눈은 앞쪽 방향으로 바라본다. (그림 16)

(그림 16)

(2) 오른발이 앞으로 향해 보(步)가 나가고[13], 무릎을 굽혀 앞

---

13) 역자註 : 동작방향은 각 무술 유파마다 그리고 가르치는 사람마다 세밀하게 구분하는 정도가 다르나, 대체적으로 4정(正)과 4우(隅)로 나누며, 예를 들어 남쪽을 바라보며 동작을 시작하였다면 4정(正)은 동서남북(東西南北)을 가리키고, 4우(隅)는 북동(北東)·북서(北西)·남동(南東)·남서(南西)를 가리킨다. 이 동작은 대략 남서(南西)쪽으로 향한 동작이며, 동작방향은 전후관계를 살펴서 추정하

으로 구부리며, 왼다리는 곧게 뻗어서 우궁보(右弓步)가 된다.
동시에 양 손은 장초(杖梢)를 아래로부터 앞쪽 위 방향으로 향해
"쳐들어올려(挑)" 나간다. 장신(杖身)은 수평이며, 허리와 같은
높이이다. 구첨(鉤尖)은 위로 향하고, 힘은 장초(杖梢)에 도달하
며, 눈은 앞쪽 방향으로 바라본다. (그림 17)

(그림 17)

  (3) 양 손이 장(杖)을 움켜잡고, 양 팔은 쭉 펴서, 장초(杖梢)가
앞으로 향하여 '한 치(一寸: 짧은 거리)'를 "찔러(刺)" 나간다. 눈
은 장초(杖梢)를 바라본다. (그림 18)

  고, 또한 투로노선도(套路路線圖)를 참고하면 어려움이 없을 것이
  다. 먼저 그림대로 자세를 취하며, 혹은 그 동작의 의미에 따라서
  각도를 임의로 조절하고, 동작이 익숙해지면 자신의 동작방향 체계
  를 수립하여 수련해도 좋을 것이다. 역자가 이 책의 그림에 보이
  는 그대로 방향을 취해 투로 전체를 해보니 전혀 의문이 없었다.
  무술은 원래 가르치는 사람이 직접 말과 행동으로 시범 보여 전수
  하는 것이나, 책을 통하여 글과 그림으로 전수하려면 불가피하게
  생략되거나 변형될 수도 있음을 염두에 두어야 할 것이다.

(그림 18)

요결(要訣)

구름을 헤쳐 달을 바라보듯 장(杖)을 잡아 막으며, 장초(杖梢)가 이어서 상대방의 태양혈(太陽穴)을 때린다.

撥雲望月把兵防, 杖梢接打爾太陽.

위는 머리를 덮씌우며 좌로 걸어두고, 아래는 원앙각(鴛鴦脚)을 차서 상대방 샅을 공격한다.[14]

上邊蒙頭向左掛, 下邊鴛鴦攻彼襠.

---

14) 역자註 : 원앙각(鴛鴦脚)이나 원앙권(鴛鴦拳)은 원래 양 발이나 양 손이 서로 보완하여 도우며 발휘하는 공방기법(攻防技法)을 지칭한다. 여기서 원앙(鴛鴦)이라 함은 상하(上下)로 이어서 공격함을 지칭할 수도 있겠다.

얼굴을 마주하여 하늘에 닿는 초식이 연이어서, 장구(杖鉤)가
찌르니 콧대 높이와 같다.
迎面通天招法緊, 杖鉤戳平高鼻梁.

정면으로 상대방 병기를 제쳐 내버리고, 손을 뒤집어 눈을 봉
쇄하니 막아내기 가장 어렵다.
正面撥走敵兵器, 反手封眼最難搪.

미녀가 가지를 끌어당겨 뽕잎을 따고, 범을 놓아 산으로 돌려
보내니 얼굴을 상한다.
玉女拉枝採桑葉, 放虎歸山面門傷.

뒤로 끌어당기고 배를 격파하며 위로 내던지니, 소림 사평창
을 능숙히 구사한다.
後拉破腹向上抛, 諳使少林四平槍.[15]

---

15) 역자註 : 사평창(四平槍)은 창술(槍術)의 기본자세로서, 그림 16처럼 좌궁보(左弓步) 자세를 취하고, 오른손은 창대의 끝 부위를 잡고 우측 허리 부위에 붙이고, 왼손은 호구(虎口)가 창첨(槍尖)으로 향하여 창대의 중간을 잡고 왼팔을 펴며, 창첨(槍尖)은 눈 높이와 같거나 혹은 가슴 높이로 하여서, "머리 정수리가 안정되어 반반하고 (頂平)" "어깨가 평평하며(肩平)" "창이 평평하고(槍平)" "발이 반반하고 안정된(脚平)" 자세를 말한다. 정수리를 자연스럽게 위로 들어올려 반반하면 머리자세가 바르고 목을 곧게 세워서, 정신을 진작하여 정수리에 관통되어 웅장한 기세(氣勢)가 생겨난다. 어깨가 평평하면 허리도 활기차서 몸이 바르고, 몸이 바르면 기세가 넉넉하고 안정된다. 창이 평평하면 창이 나감에 힘이 있어, 막아내기 적합하고 공격하기 적합하며, 한 가닥 선으로 찌른다. 발이 반반하면 양 발을 땅에 붙여 다리에서 힘이 일어나며, 보(步)가 나감에 민첩하고 묵직하다.

제 2 쟁(第二趟)

7. 금선탈각(金蟬脫殼)
금빛 매미가 허물을 벗다

(1) 오른발 발꿈치와 왼발 발바닥을 축(軸)으로 삼아 좌(左)로 몸을 180도 돌린다. 오른다리는 굽혀서 뒤로 앉아 좌허보(左虛步)가 된다. 동시에 오른손을 펼쳐서, 장심(掌心)을 축(軸)으로 삼아, 미끄러져 장파(杖把)에 이르고, '양 손을 가지런히(順把)' 하여 장(杖)을 잡으며, 양 손은 장초(杖梢)가 몸의 돌아 움직이는 기세에 따르게 하여, 우(右) 앞쪽 방향으로부터 아래로 향하고 좌(左)로 향하여 호형(弧形)으로 휘둘러서, 몸 앞쪽 아래 방향에 멈추며, 장구(杖鉤)는 좌(左)로 향한다. 눈은 우(右) 앞쪽 방향을 바라본다. (그림 19)

(그림 19)

(2) 왼발이 좌측(左側)으로 향하여 1보 뛰어나가며, 오른발이 잇따라 1보 나가서, 왼발의 우(右) 앞쪽 방향에 보(步)를 내리고, 발바닥의 앞부분을 땅에 붙여 우허보(右虛步)가 된다. 동시에, 양 손은 장초(杖梢)를 계속하여 좌(左)로 향하고 위로 향해 호형(弧形)으로 휘둘러, 몸 우측(右側) 아래 방향으로 향하여 "쪼는 듯이 찍어(點)" 공격하며, 장초(杖梢)는 장구(杖鉤)보다 약간 낮다. 양 손은 높이가 배 부위와 같은 높이이며, 오른손 수심(手心)은 위로 향하고, 왼손 수심(手心)은 아래로 향하며, 구첨(鉤尖)은 앞쪽으로 향한다. 눈은 장초(杖梢)를 바라본다. (그림 20)

(그림 20)

8. 당두일봉(當頭一棒)
머리를 향해 일침을 가하다

왼발이 나아가서 오른발 앞에 이르고, 발끝을 밖으로 벌려서, 교차보(交叉步)16)가 된다. 동시에 양 손으로 잡은 장(杖)은 장초

(杖梢)를 사용하여 앞쪽 위 방향으로 향하여 "가로지르며 타격(橫擊)"하고, 힘이 장초(杖梢)에 도달한다. 장초(杖梢)는 높이가 머리와 같고, 구첨(鉤尖)은 좌(左) 앞쪽으로 향한다. 눈은 장초(杖梢)를 바라본다.(그림 21)

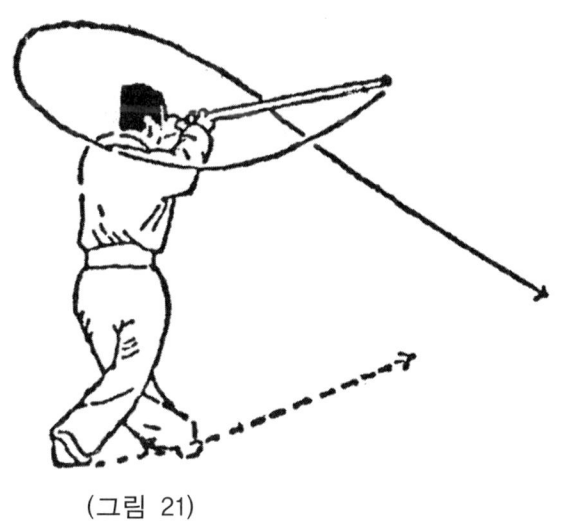

(그림 21)

---

16) 역자註 : 교차보(交叉步)는 양 다리가 전후(前後)로 교차하여 벌려 서며, 앞쪽 발의 발끝은 밖으로 45도 벌리고, 발바닥 전체를 땅에 붙이며, 무릎을 굽혀 반쯤 쪼그려 앉고, 다른 한쪽 다리는 펴서, 발바닥 앞쪽 부분을 땅에 붙이고 발끝이 앞 방향으로 향한다. 상체는 굽힌 다리 쪽으로 향하여 비틀어 돌린다. 낮은 교차보는 양 발을 발 길이의 4~5배가량 넓게 벌리고 앞쪽 다리의 대퇴(大腿)가 수평에 가깝기도 한다.

9. 란로참교(攔路斬蛟)
길을 막고 교룡을 베다

오른발을 우(右) 앞 방향으로 향하여 달려들어 나가서 우복보(右僕步)[17]가 된다. 동시에 왼손이 장(杖)에서 이탈하고, 오른팔 아래팔뚝을 안으로 돌리며(아래팔뚝을 시계반대방향으로 돌린다), 장초(杖梢)를 뒤로 향하고 좌(左)로 향하다가 앞으로 향하며

---

17) 역자註 : 복보(僕步)는 부보(仆步)라고도 하며, 양 발이 보(步)를 벌려 서서, 한쪽 다리가 무릎을 굽혀 몸을 완전히 웅크려 앉혀, 대퇴(大腿)를 종아리에 바짝 다가붙이고, 무릎은 조금 밖으로 벌리며, 발끝은 밖으로 45도 돌린다. 다른 한쪽 다리는 곧게 펴서 평평하게 뻗어 지면에 접근하고, 발바닥을 땅에 붙이며, 발끝을 안으로 최대한 꺾어 돌려 종아리와 90도 가량의 각도가 된다. 양 발은 모두 발바닥 전체를 땅에 붙여야 하며, 특히 무릎을 굽힌 다리의 발바닥 발꿈치가 땅에서 떨어지지 않고, 평평하게 뻗어나간 다리의 발바닥 바깥 가장자리가 땅에서 떨어지지 않도록 주의한다. 관관절(髖關節 : 사타구니 관절 즉 胯 부위)을 이완시켜 벌리며 아래로 가라앉히고, 평평하게 뻗어나간 다리는 밖으로 버티어 뻗는 기세(氣勢)가 있어야 하며, 자세가 아주 낮으나 어느 순간에라도 몸을 일으킬 수 있는 기세(氣勢)를 갖추어 있어야 한다. 복보(僕步)는 낮게 웅크려 앉는 자세이므로, 흔히 둔부(臀部)를 뒤로 들어올리고 몸이 앞으로 기울어지기 쉬운데, 좌우의 과(胯)를 바르게 내려 앉혀서 상체를 곧고 바르게 세워야 하며, 특히 허리부위의 척추를 곧고 바르게 세워야 한다. 발바닥이 땅에서 떨어지거나 둔부(臀部)를 뒤로 추켜올리는 등의 잘못된 자세는, 과(胯)·무릎·발목의 관절이 유연(柔軟)하지 못하고 강인(強靭)하지 못하며, 허리가 약하기 때문이다. 체력이 약한 수련자는 먼저 높은 자세로 수련하며 차츰 몸을 앉히도록 한다.

우(右) 아래 방향으로 향해 "가로지게 휘둘러 후려쳐 막아(橫擋)", 오른다리 뒤에 이른다. 장초(杖梢)는 아랫다리와 같은 높이이며, 힘이 장초(杖梢)에 도달하고, 좌장(左掌)은 약간 밖으로 벌리며, 좌측(左側) 이마 앞에서 위로 떠받쳐 지탱한다. 눈은 장초(杖梢)를 바라본다. (그림 22)

(그림 22)

10. 령의정타(領衣正打)
옷을 잡아끌어 똑바로 때리다

(1) 몸을 일으켜 올리며, 오른발을 거두어들여 왼발의 내측(內側)에 이르고, 진각(震脚)하며, 즉시 왼발이 앞으로 향해 보(步)가 나아가서, 무릎을 굽혀 앞으로 구부리고, 오른다리는 곧게 뻗어서 좌궁보(左弓步)가 된다. 동시에 왼손은 조(爪: 갈퀴 손)[18]로 변

---

18) 역자註 : 조(爪)는 몇 가지 형식이 있는데, 이 초식의 조(爪)는 용조(龍爪)나 혹은 호조(虎爪)일 것이다. 용조(龍爪)는 다섯 손가락을 조금 벌리고, 손가락 끝마디와 중간마디를 조금 굽히며, 손목부위

하고, 팔을 곧게 펴며 앞 방향으로 향하여 내밀어 주먹을 쥐고, 오른손이 잡은 장(杖)은 앞쪽 아래 방향으로부터 뒤로 향하여 벌여 놓아 몸의 우(右) 뒤쪽 아래 방향에 이른다. 눈은 왼 주먹을 바라본다. (그림 23)

(그림 23)

(2) 왼팔은 팔꿈치를 굽히며, 오른쪽 겨드랑이 아래로 거두어 들여서, 권심(拳心)이 비스듬히 아래로 향하고, 동시에 오른손이 잡은 장(杖)은 위로 향하다 앞쪽 아래 방향으로 향해 "쪼개어 패듯이 휘둘러 찍어(劈)" 나가서, 힘이 장초(杖梢)에 도달하고, 장

를 솟아 올린다. 호조(虎爪)는 다섯 손가락을 힘을 들여 펼치고, 손가락 끝마디와 중간 마디를 굽히며, 손가락 뿌리마디는 손등으로 향해 힘을 들여 뒤로 젖혀서, 장심(掌心)이 솟아나오게 한다. 즉 조(爪)는 손가락을 갈퀴의 살처럼 펼쳐 굽힌 모양과 유사하다.

초(杖梢)는 높이가 머리와 같으며, 장구(杖鉤)는 가슴과 같은 높이이고, 구첨(鉤尖)은 아래로 향한다. 눈은 장초(杖梢)를 바라본다.(그림 24)

(그림 24)

11. 횡장등탑(橫杖登塔)
장을 가로지르며 탑에 오르다

(1) 오른발이 왼발 앞으로 향하여 반보(半步) 나가서, 발끝이 땅에 닿는다. 동시에 오른팔은 팔꿈치를 굽히며, 장구(杖鉤)를 거두어들여 오른팔 팔꿈치 앞에 이른다. 왼손 주먹은 장(掌)으로 변하며 앞으로 내밀어 '양손을 마주하여(對把)' 장(杖)을 잡고, 팔꿈치를 굽혀 장초(杖梢)를 좌(左) 위 뒤쪽 방향으로 향하여 "밀어제쳐(撥)" 나가서, 힘이 장초(杖梢)에 도달한다. 장신(杖身)은

몸 앞에 비스듬히 붙이며, 구첨(鉤尖)은 오른쪽 과(胯) 외측(外側)에 있고, 장초(杖梢)는 머리 좌측(左側)에 있으며, 머리와 같은 높이이고, 구첨(鉤尖)이 앞으로 향한다. 눈은 앞쪽 방향을 바라본다. (그림 25)

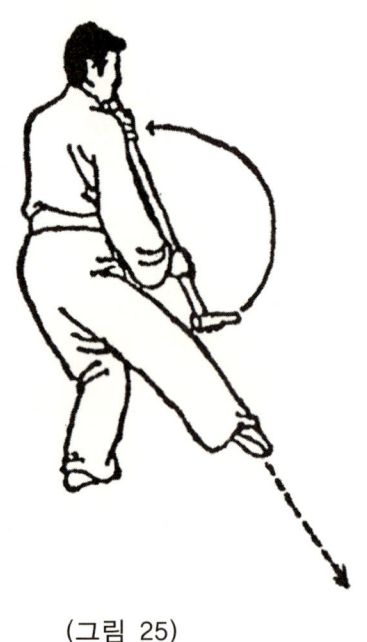

(그림 25)

  (2) 상체는 좌(左)로 향하여 몸을 비틀어 돌리며, 오른발은 허리와 과(胯)가 비틀어 도는 기세(氣勢)에 따라서, 우(右) 뒤쪽으로 향하여 땅에 문질러 스치면서 1보(步)를 박차 나간다. 왼다리는 앞으로 구부리고, 오른다리는 곧게 뻗어 좌궁보(左弓步)가 된다. 동시에 오른손은 아래로부터 약간 위로 들어 올리며, 흉부에 도달할 때 허리와 과(胯)가 비틀어 도는 기세(氣勢)를 빌어 좌(左)로

향하여 "밀어(推)" 나간다. 왼손은 함께 호응하여 좌(左) 뒤쪽 방향으로 향하여 끌어당겨 오며, 빠르고 맹렬하여 힘이 있어야 한다. 장구(杖鉤)는 높이가 심장부위(명치)와 같고, 장초(杖梢)는 왼쪽 옆구리와 같은 높이이며, 구첨(鉤尖)이 좌(左)로 향한다. 눈은 앞쪽 방향을 바라본다.(그림 26)

(그림 26)

12. 황봉자심(黃蜂刺心)
나나니벌이 심장을 찌르다

(1) 오른발 발꿈치와 왼발 발바닥을 축(軸)으로 삼아서, 우(右)로 향하여 몸을 180도 돌린다. 동시에, 왼손이 장(杖)에서 이탈하

고, 오른손이 장(杖)을 잡아 몸 앞으로부터 위로 향하다 우(右) 뒤쪽 방향으로 향해 "휘둘러 내리찍어(劈)" 나가며, 왼손 장(掌)은 오른쪽 겨드랑이 아래에 붙여서, 장심(掌心)이 우(右)로 향하고, 손가락 끝은 위로 향한다. 눈은 장초(杖梢)를 바라본다. (그림 27)

(그림 27)

(2) 왼발이 우(右) 앞쪽 방향으로 향하여 보(步)가 나가서, 무릎을 굽혀 앞으로 구부리고, 오른다리는 곧게 뻗어 좌궁보(左弓步)가 된다. 동시에 오른손 손목을 뒤집으며 되돌려서, 장초(杖梢)를 아래로부터 좌(左)로 향하고 위로 향하다 수평이 될 때, 좌(左) 앞쪽 방향으로 향하여 팔을 쭉 뻗어 "찔러(刺)" 나가고, 힘이 장첨(杖尖)에 도달한다. 장초(杖梢)는 높이가 심장부위(명치)와 같다. 동시에 좌장(左掌)은 몸 앞으로부터 좌(左) 이마 위쪽 방향으로 향하여 "받쳐(架)" 올리고, 장심(掌心)은 비스듬히 위로 향하며, 손가락 끝은 우(右)로 향한다. 눈은 장초(杖梢)를 바라본다. (그림 28)

(그림 28)

요결(要訣)

상대방이 맹렬하니 나는 날쌔게 피하며 팽이처럼 움직이고, 가로질러 덮어씌우며 장초(杖梢)는 손목을 찍는다.
彼猛我閃走陀螺, 橫蓋杖梢點手脖.

상대방이 만약 뒤로 물러나면 수법을 변화하여서, 몸을 일으키며 장(杖)을 가로질러 아래턱을 공격한다.
彼若後撤招法變, 起身橫杖擊下頦.

머리는 겨우 요행으로 모면하였으나, 아래는 피할 수 없어 다리뼈가 부러진다.
頭上方才得幸免, 下面難逃腿骨折.

옷을 잡아끌어 똑바로 때리면 상대방은 궁지에 처하니, 옷깃을 움켜잡고 이마를 때린다.
領衣正打彼遭蹇, 抓住衣領打上額.

상대방의 밑동을 봉쇄하고 상대방 옆구리에 걸어 채우니, 장(杖)을 가로지르고 탑에 오르며 머리통을 내동댕이친다.
鎖住彼根掛彼肋, 橫杖蹬塔摔腦殼.

상대방이 만약 제풀에 보(步)를 에돌아 물러가도, 나나니벌이 심장을 찌르니 도망치기 어렵다.
彼若順勢繞步去, 黃蜂刺心難逃脫.

제 3 쟁(第三 趟)

13. 회두망월(回頭望月)
고개를 돌려 달을 바라보다

 (1) 체중(體重)을 뒤로 이동하며, 왼발을 들어올리고, 아랫다리를 약간 거두어들여 땅에 내리지는 않다가, 즉시 원래의 방향으로 향해 큰 보(步)를 성큼 내딛어 나가서, 앞으로 구부린다. 동시에, 오른손은 손목 힘을 사용하여 장초(杖梢)가 아래로 향하고 뒤로 향하다 위로 향하며 앞으로 향하도록 하나의 세운 원(圓)으로 휘둘러서 몸 앞에 이르고, 좌장(左掌)은 아래로 내려서 장(杖)의 오른손 앞으로 누른다. 눈은 앞쪽 방향을 수평으로 바라본다. (그림 29)

(그림 29)

(2) 왼다리를 아래로 웅크려 앉히고, 오른다리를 곧게 펴서, 우복보(右僕步)가 된다. 몸을 좌(左)로 향하여 기울이면서, 우(右) 뒤쪽 방향으로 향하여 비틀어 돌린다. 동시에, 오른손이 잡은 장(杖)은 아래로부터 뒤쪽 위 방향으로 향하여 손을 뒤집으며 "치켜 걸어 올려(撩)" 나가서, 장초(杖梢)는 머리보다 약간 높고, 힘은 장초(杖梢)에 도달한다. 장초(杖梢)는 비스듬히 위쪽 방향으로 향하며, 구첨(鉤尖)은 비스듬히 위로 향한다. 좌장(左掌)은 몸 앞으로부터 머리 좌(左) 위쪽 방향으로 올려 떠받쳐 지탱하며, 장심(掌心)이 비스듬히 위로 향하고, 손가락 끝은 우(右)로 향한다. 눈은 장초(杖梢)를 바라본다. (그림 30)

(그림 30)

14. 완호유산(頑虎遊山)
짓궂은 호랑이가 산에서 노닐다

(1) 오른발을 들어올려서, 왼발 앞에 보(步)를 내리며, 발끝을 밖으로 벌려, 교차보(交叉步)가 된다. 동시에 허리를 우(右)로 돌리며, 오른손은 장초(杖梢)를 우(右) 위 방향으로부터 아래로 향하고 좌(左)로 향해 호형(弧形)으로 휘둘러서, 에돌아 몸의 좌측(左側)에 이르고, 장초(杖梢)가 좌(左)로 향한다. 좌장(左掌)은 허리를 우(右)로 돌리는 기세를 이용하여 오른쪽 겨드랑이 아래로 내려오고, 장심(掌心)이 뒤로 향한다. 눈은 앞쪽 방향을 수평으로 바라본다. (그림 31)

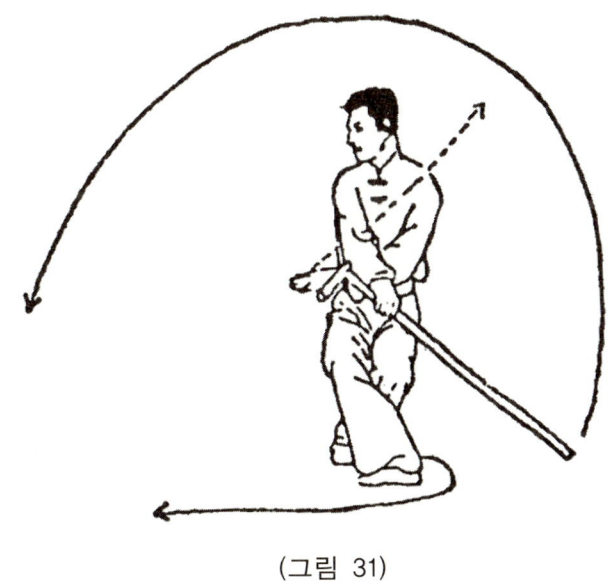

(그림 31)

(2) 상체의 움직임은 멈추지 않고, 왼발이 보(步)를 나가서, 오른발 앞에 내리며, 발끝을 안으로 꺾어 돌리고, 왼다리는 무릎을

굽혀 앞으로 구부리며, 오른다리는 곧게 뻗어서 좌궁보(左弓步)가 된다. 동시에, 오른팔 아래팔뚝을 밖으로 돌리며, 오른손이 잡은 장(杖)은 좌(左)로부터 위로 향하고 앞으로 향하며 아래로 향해 가로지게 "후려 패어 찍고(劈)", 힘이 장초(杖梢)에 도달한다. 장초(杖梢)는 앞쪽 방향으로 향하고, 장신(杖身)은 가로지며 수평이다.19) 구첨(鉤尖)은 아래로 향하고, 사타구니와 같은 높이이다. 장초(杖梢)와 신체(身體)는 직각(直角)을 이룬다. 좌장(左掌)은 오른쪽 겨드랑이 아래로부터 아래로 향하고 좌(左)로 향하며 위로 향하여서 왼쪽 이마 앞에서 장(掌)을 드러내 보이고, 장심(掌心)이 비스듬히 위로 향하며, 손가락 끝은 우(右)로 향한다. 눈은 장초(杖梢)를 바라본다. (그림 32)

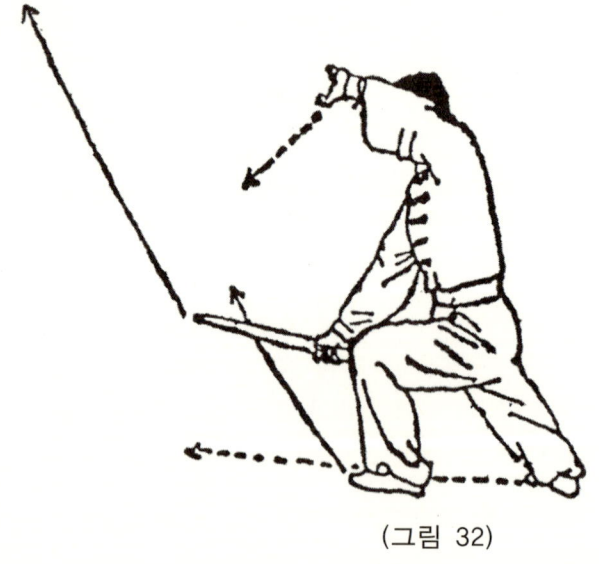

(그림 32)

---

19) 역자註 : 가령 남쪽을 바라보며 예비식을 시작하였으면, 이 초식의 동작이 완성된 자세는, 왼발이 남서(南西)쪽으로 향하고, 오른발이 북동(北東)쪽으로 향하며, 장초(杖梢)는 북서(北西)쪽으로 향한다.

15. 금계상가(金鷄上架)
금빛 닭이 홰에 오르다

오른발이 앞으로 향해 보(步)를 나가서 다리를 곧게 펴서 서고, 왼다리는 무릎을 굽히며 들어올려서, 우독립보(右獨立步)가 된다. 동시에 오른손 수심(手心)이 위로 향하며, 장초(杖梢)를 비스듬히 우(右) 위 방향으로 향해 "찔러 공격하여(擊)" 나가고, 힘이 장초(杖梢)에 도달한다. 좌장(左掌)은 아래로 내려서 오른팔 아래 팔뚝 내측(內側)에 붙인다. 장초(杖梢)는 우(右) 앞쪽 위 방향으로 향하고, 높이는 눈과 같다. 눈은 장초(杖梢)를 바라본다. (그림 33)

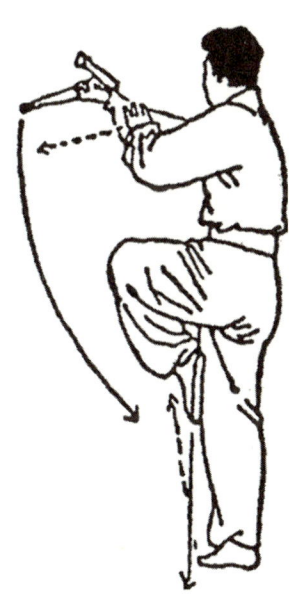

(그림 33)

16. 황응전시(黃鷹展翅)
참매가 날개를 펼치다

왼발이 보(步)를 내려 다리를 곧게 펴서 서고, 오른다리는 무릎을 굽히며 들어올려서, 좌독립보(左獨立步)가 된다. 동시에 오른손이 잡은 장(杖)은 장초(杖梢)를 뒤로 향하고 좌(左)로 향하여 에돌려 가서, 우(右) 앞쪽 아래 방향으로 향해 비스듬히 "후려 패며(劈)", 장초(杖梢)는 비스듬히 앞쪽 아래 방향으로 향하고, 힘이 장초(杖梢)에 도달한다. 좌장(左掌)은 아래로 내려서, 좌(左) 앞쪽 방향에 벌려 지탱하고, 손목은 높이가 어깨와 같으며, 장심(掌心)이 비스듬히 밖으로 향하고, 손가락 끝은 비스듬히 위로 향한다. 눈은 장초(杖梢)를 바라본다. (그림 34)

(그림 34)

17. 탁량환주(托樑換柱)
들보를 받쳐들고 기둥을 갈아 끼운다

(1) 오른발을 왼발의 내측(內側)으로 내려 진각(震脚)하며, 왼발 발꿈치를 들어올려서, 좌정보(左丁步)로 변한다. 동시에, 오른손은 장초(杖梢)를 되돌려 올려 받쳐서, 양 손이 몸 앞쪽으로 한 데 합치며, '양 손을 마주하여(對把)' 장(杖)을 잡고, 장신(杖身)을 신체와 서로 평행하게 되도록 아래로부터 위로 향해 머리 앞쪽 위 방향으로 밀어 올려 수평으로 받쳐든다. 눈은 앞쪽 방향을 바라본다. (그림 35)

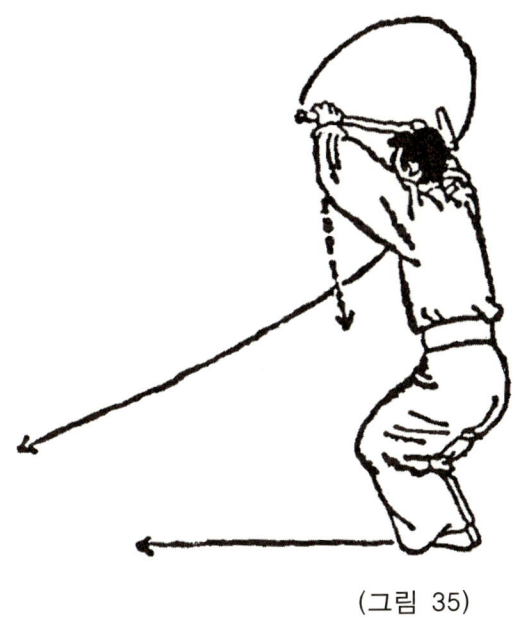

(그림 35)

(2) 왼발이 앞으로 향해 보(步)를 나가고, 무릎을 굽혀 앞으로

구부리며, 오른다리는 곧게 뻗어서 좌궁보(左弓步)가 된다. 동시에, 왼손은 장(杖)에서 이탈하고, 오른손은 장초(杖梢)를 좌(左)로 부터 뒤로 향하다 우(右)로 향하며 앞쪽 아래 방향으로 비스듬히 "후려 패어 찍어(劈)", 힘이 장초(杖梢)에 도달한다. 좌장(左掌)도 좌(左)로 향하고 아래로 향하다 우(右)로 향해 호형(弧形)으로 휘둘러서, 오른팔 아래팔뚝 내측(內側)에 붙이며, 양 손은 배와 같은 높이이고, 장초(杖梢)는 아랫다리와 같은 높이이다. 눈은 장초(杖梢)를 바라본다. (그림 36)

(그림 36)

18. 벽두개검(劈頭蓋臉)
정면으로 얼굴을 가격하다

오른손이 손목 힘을 사용하여 장초(杖梢)를 아래로 향하고 뒤로 향하다 위로 향하여서 하나의 세운 원(圓) 형태로 휘둘러 앞쪽으로 "후려 패어 찍어(劈)" 나가고, 힘이 장초(杖梢)에 도달한다. 장초(杖梢)는 눈썹과 같은 높이이다. 눈은 장초(杖梢)를 바라본다.[20] (그림 37)

(그림 37)

---

20) 역자註 : 오른손이 손목 힘을 사용하여 장(杖)을 세운 원(圓) 형태로 휘두르는 동작은, 만약 장(杖)이 무거워서 한 손으로 휘두르기 곤란하면, 응당 양 손으로 잡고서 휘둘러야 할 것이다. 여러 초식(招式)을 모아 편성한 투로(套路)는 기본적인 수련동작이며, 이러한 초식을 정해진 동작이나 자세 그대로 수련하는 것은 연법(練法)이라 할 수 있고, 타격방법이나 혹은 싸우는 방법으로서 변화를 추구하며 한 초식을 여러 방식으로 수련하는 것은 타법(打法)이라 할 수 있다. 수련을 많이 한다는 것은 단순히 어느 초식을 반복하여 수련하는 횟수가 많다는 것이 아니고, 다양한 변화를 스스로 연구하여 여러 방식으로 수련하는 것이다. 무술속담에 이르기를, "권술(즉 무술)을 수련하되 타법을 연습하지 않으면, 싸움에 임하여 수

요결(要訣)

뒤에서 몰래 기습하나 나는 알아차려서, 고개를 돌려 달을 바라보니 달아날 틈이 없다.
身後偸襲吾知情, 回頭望月走無空.

짓궂은 호랑이가 산에서 노닐듯 상대방 무기를 피하며, 장(杖)을 휘둘러 손목을 차단하여 교묘히 공을 세운다.
頑虎遊山避彼械, 揮杖截腕巧立功.

금빛 닭이 홰에 오르듯 장(杖)을 연이어서, 탁탑천왕(托塔天王: 四天王의 하나)이 눈을 때린다.
金鷄上架連環杖, 天王托塔打眼睛.

참매가 날개를 펼치듯 다리뼈를 때리며, 막아 지탱하지 않고 날쌔게 피하며 신형(身形)을 숨긴다.
黃鷹展翅打腿骨, 不招不架閃身形.

단이 부족하다(練拳不習打, 臨陣少方法)"라고 한다. 투로(套路)를 수련하는 것은, 그 동작을 그대로 사용하기 위해서라기보다는 공부(功夫)를 생겨나게 하는 것이라 볼 수 있다. 동일한 한 초식에 대하여 수련하는 사람마다 이해가 다르고 체험하여 터득하는 것이 다르고 또한 사용의도가 다를 수 있다. 그러므로 한 동작은 단순한 기격적인 초식으로서의 고정된 용법이 아니고, 이것은 변화의 근본이며, 이로부터 수많은 방법을 스스로 발전시켜 내어 자신만의 수법을 체득한다.

위는 상대방 병기를 막아내고 아래는 다리를 때리니, 들보를 받쳐들고 기둥을 갈아 끼우는 장법(杖法)이 뛰어나다.
上架彼兵下打腿, 托樑換柱杖法精.

바로 정면으로 머리를 때리니, 만 송이 복사꽃이 흩날려 붉다.
劈腦蓋臉頭上打, 萬朶桃花濺飛紅.

제 4 쟁(第四趟)

19. 마후가편(馬後加鞭)
말이 뒤쳐지니 채찍질을 하다

　상체(上體)를 우(右) 뒤쪽으로 향하여 비틀어 돌린다. 왼발은 상체를 비틀어 돌리는 기세에 따라서, 발꿈치를 사용하여 문질러 돌리며, 발끝을 안으로 꺾어 돌리고, 양 다리 모두 무릎을 굽혀 반쯤 웅크려 앉아서 기마세(騎馬勢)21)가 된다. 동시에, 오른

---

21) 역자註 : 표준적인 기마세(騎馬勢) 즉 마보(馬步)는, 양 발 사이의 거리가 본인의 발 길이의 3.5배가량이고, 양 발이 평행하여 발끝이 앞으로 향하여서, 발끝을 밖으로 벌리지 않으며, 발가락 모두 땅을 움켜잡는 듯하고, 무릎을 굽혀 아래로 웅크려 앉아서 대퇴(大腿)가 거의 수평에 가까우며, 무릎 끝의 수직선이 발끝을 넘어나가지 않고, 양 무릎은 약간 안으로 단속하여 억류하는 듯한 기세를 갖추기도 하며, 몸의 중심(重心)은 양 발의 중간에 둔다. 상체는 곧고 바르게 세우며, 머리 정수리 백회혈(百會穴)을 위로 자연스럽게 가벼이 이끌어 올려서 마치 정수리가 허공에 매달려 들어올려진 것과 같고, 특히 둔부(臀部)는 뒤로 내밀지 않도록 각별히 주의하여서, 사타구니의 회음혈(會陰穴)과 정수리의 백회혈(百會穴)이 수직을 이루며 아래위로 펴서 늘이는 듯하며, 둔부는 무릎보다 약간 높다. 마보(馬步)를 참장(站樁)수련할 때, 어깨는 아래로 가라앉히고, 양 팔은 주먹을 쥐어 좌우의 허리 옆에 붙여 권심(拳心)이 위로 향하거나, 혹은 양 팔을 어깨 높이로 들어올려 앞으로 내밀어 양 팔이 둥근 물체를 안아드는 듯이 하여, 양 장(掌)의 장심(掌心)이 몸으로 향하고 양 손의 손가락을 펴서 중지(中指)의 끝을 서로 맞닿아 붙인 듯도 하고 붙지 않은 듯도 하거나, 혹은 양 장심(掌

손이 잡은 장(杖)은 우(右) 아래쪽 방향으로 향하여 "가로막아

(그림 38)

心)이 앞으로 향하고 양 손의 엄지 끝과 식지(食指) 끝을 서로 맞닿아 양 엄지와 식지의 내부가 삼각형을 이루는 등의 자세를 취한다. 마보(馬步)자세를 교정하는 편리한 방법은, 수직인 벽이나 기둥 앞에 양 발을 벌려 등지고 서되, 발꿈치 끝이 벽에서 20cm가량 거리를 두어 떨어지고, 무릎을 굽혀 웅크려 앉아 등배를 벽에 붙이는 듯 붙이지 않는 듯이 하여, 머리를 곧게 세워 위로 받쳐 올리고, 몸체를 곧게 세워 척추를 아래위로 늘여 펴며, 특히 둔부를 아래로 내리고 허리를 곧게 펴고, 아랫다리는 가능한 수직이 되도록 한다. 일반적으로 초식(招式)의 동작 중에 사용하는 마보(馬步)는, 표준적인 기마세(騎馬勢)로부터 변화되어 파생된 마보(馬步)를 주로 사용하며, 그 종류는 여러 가지가 있다. 예를 들면, 8자마보(八字馬步)는 양 발의 발끝을 밖으로 45도가량 벌려서 서는 마보(馬步)이고, 편마보(偏馬步)는 신체의 중심(重心)을 중간으로부터 한쪽으로 치우치는 마보(馬步)이며, 반마보(半馬步)는 한쪽 발의 발끝을 밖으로 45도가량 벌리고 그 무릎과 상체도 이에 따라서 45도가량 한쪽으로 치우쳐 돌리는 마보(馬步)이다.

(截)" 나가고, 힘은 장초(杖梢)에 도달하며, 장초(杖梢)는 아랫다리와 같은 높이이고, 오른다리 뒤쪽 방향에 멈추며, 구첨(鉤尖)은 좌(左)로 향한다. 좌장(左掌)은 몸 앞으로 "밀어(推)" 나가서, 장심(掌心)이 우(右)로 향하고, 손가락 끝은 위로 향하며, 비스듬히 세운 장(掌)이 된다. 눈은 장초(杖梢)를 바라본다. (그림 38)

20. 백원장신(白猿藏身)
흰 원숭이가 몸을 감추다

왼다리는 여전히 굽히고, 오른발을 왼발 내측(內側)으로 거두어들여서, 발끝이 땅에 닿아 정보(丁步)가 된다. 양쪽 과(胯)를 좌(左)로 이동하며, 상체를 우(右)로 기울인다. 동시에, 오른손이 잡은 장(杖)은 오른팔 아래팔뚝을 밖으로 돌리며, 우(右) 앞쪽 아래

(그림 39)

방향으로 향하여 장(杖)을 세우며 "가로막아(截)" 나가서, 수심(手心)이 우(右)로 향하고, 장초(杖梢)가 아래로 향하며, 구첨(鉤尖)이 앞으로 향하고, 장신(杖身)은 몸 우측(右側)에 비스듬히 세우며, 힘은 장(杖)의 중단(中段)에 도달한다. 좌장(左掌)은 아래로 내려서, 장(掌)의 손가락을 오른팔 아래팔뚝의 내측(內側)에 붙인다. 눈은 장(杖)의 중단(中段)을 바라본다. (그림 39)

21. 마전견군(馬前見君)
미리 서둘러 님을 만나다

오른발이 우측(右側) 앞쪽 방향으로 향하여 보(步)를 나가서, 무릎을 굽혀 앞으로 구부리고, 왼다리는 곧게 뻗어 우궁보(右弓步)가 된다. 동시에, 오른손은 손목 힘을 사용하여 장초(杖梢)를

(그림 40)

뒤로 향하다 위로 향하고 좌(左) 아래 방향으로 향해 "후려 패어 찍어(劈)" 나가고, 힘이 장초(杖梢)에 도달한다. 장초(杖梢)는 좌측(左側)으로 향하고, 장신(杖身)은 가로 놓아 수평이며 신체와 90도의 각을 이룬다. 장구(杖鉤)는 오른다리 무릎의 우측(右側)에 있고, 구첨(鉤尖)은 아래로 향한다. 좌장(左掌)은 오른팔 아래 팔뚝의 내측(內側)에 여전히 붙인다. 눈은 장초(杖梢)를 바라본다. (그림 40)

22. 역벽화산(力劈華山)
힘껏 찍어 화산을 쪼개다

오른발을 들어올리고, 그리고 나서 땅에 내린다. 동시에, 오른손이 잡은 장(杖)은 아래로 향하고 좌(左)로 향하다 위로 향하도록 팔을 휘둘러서, 우측(右側) 앞쪽 아래 방향으로 향하여 "쪼개어 패듯이 찍어(劈)" 나가고, 힘이 장초(杖梢)에 도달한다. 장구(杖鉤)는 배와 같은 높이이고, 장초(杖梢)는 장구(杖鉤)보다 약간 높으며, 구첨(鉤尖)은 아래로 향한다. 동시에, 왼손은 몸 앞으로부터 좌(左)로 향하고 위로 향해 호형(弧形)으로 휘둘러서, 왼쪽 이마 '관자놀이(太陽穴)' 앞에 멈추며, 수심(手心)이 비스듬히 위로 향하고, 손가락 끝은 우(右)로 향한다. 눈은 장초(杖梢)를 바라본다. (그림 41)

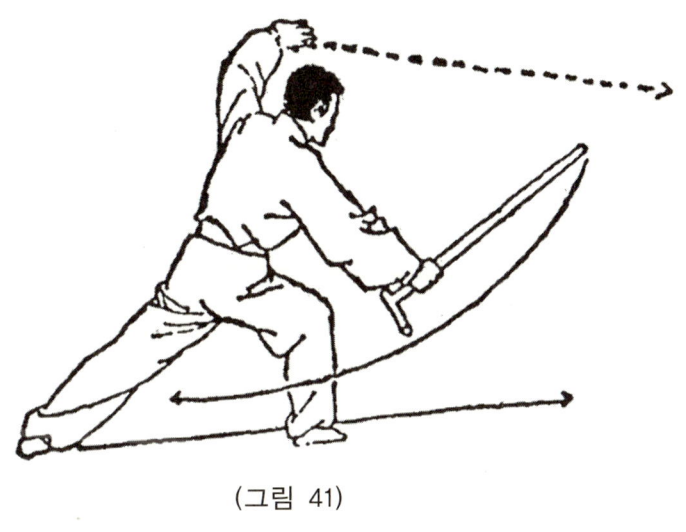

(그림 41)

23. 금룡반주(金龍盤柱)
금빛 용이 기둥을 휘감다

(1) 왼발이 보(步)를 나가서, 오른발 앞에 내려오며, 발끝을 안으로 꺾어 돌리고, 오른발은 발꿈치를 들어올려 내부적으로 호응하여 동조한다. 동시에, 왼손은 조(爪: 갈퀴 손)로 변하며 아래로 내려 앞으로 뻗고, 조심(爪心)이 앞으로 향한다. 오른손이 잡은 장(杖)은 아래로 내려서 오른쪽 몸 뒤에 이른다. 눈은 왼손 조(爪)를 바라본다. (그림 42)

(2) 오른발이 왼다리 뒤로 향하여 살짝 보(步)를 나가고, 발바닥을 땅에 붙이며, 양 발이 서로 평행(平行)한다. 동시에, 몸을 조금 좌(左)로 비틀어 돌린다. 오른손은 장(杖)을 우(右) 아래 방향

(그림 42)

으로부터 우(右)로 향하고 위로 향하다 좌(左)로 향하도록 휘둘러 "쪼개어 패듯이 찍고(劈)", 힘이 장초(杖梢)에 도달한다. 왼손 조(爪)는 주먹을 움켜쥐며, 허리를 좌(左)로 돌리는 기세를 이용하여 오른쪽 겨드랑이 아래로 거두어들인다. 장초(杖梢)는 어깨와 같은 높이이고, 장구(杖鉤)는 배와 같은 높이이다. 눈은 장초(杖梢)를 바라본다. (그림 43)

(그림 43)

24. 고수반근(古樹盤根)
오래된 나무가 뿌리를 휘감다

양 발의 발바닥 앞부분을 축(軸)으로 삼아 우(右)로 향하여 몸을 180도 돌린다. 왼다리를 앞으로 굽히고, 오른다리는 곧게 펴서 복보(僕步)가 된다. 동시에, 오른손이 잡은 장(杖)은 신체를 우(右)로 돌리는 기세에 따라서, 우(右) 아래 방향으로 향하여 비스듬히 "벌려 막아(攔)"{장(杖)이 좌(左)로부터 우(右) 아래 방향으로 향하여서 하나의 비스듬히 세운 원(圓)이 되도록 휘두른다}, 오른다리 뒤쪽 외측(外側)에 이르며, 장초(杖梢)가 땅을 "치고(拍)", 힘이 장초(杖梢)에 도달한다. 왼손 주먹은 장(掌)으로 변하여, 몸 앞으로부터 위로 올려 왼쪽 관자놀이 위 방향에 떠받쳐 지탱하며, 장심(掌心)이 비스듬히 위로 향하고, 손가락 끝은 우(右)로 향한다. 눈은 장초(杖梢)를 바라본다. (그림 44)

(그림 44)

요결(要訣)

몸 뒤로 기습해 오니 하늘의 개가 짖고, 빨리 달리는 말에 몸을 돌려 다시 채찍질을 한다.
身後襲來吠天犬, 快馬回身再加鞭.

지팡이를 세워 상대방 병기를 막아내고, 진귀한 장(杖) 뒤에 흰 원숭이를 감춘다.
立拐格出彼兵器, 寶杖後頭藏白猿.

장(杖)의 초식은 명성이 헛되지 않고, 미리 서둘러 님을 만나 손목을 찍는다.
杖招有聲非虛勢, 馬前見君點手腕.

산신령이 큰 도끼를 휘두르니, 힘껏 찍어 화산을 쪼개어 맑은 하늘을 본다.
山神揮動開山斧, 力劈華山見淸天.

옷깃을 거머쥐어 거듭 정수리를 때리니, 금빛 용이 기둥을 휘감아 교묘히 이어진다.
領衣仍向顱頭打, 金龍盤柱巧連環.

몸을 돌이켜 거꾸로 돌아 상대방 다리를 막아내니, 오래된 나무가 뿌리를 휘감아서 피하여 숨기 어렵다.
回身倒轉擋彼腿, 古樹盤根躱閃難.

제 5 쟁(第五趟)

25. 태공조어(太公釣魚)
강태공이 고기를 낚다

 (1) 오른발 발꿈치와 왼발 발바닥을 축(軸)으로 삼아 좌(左)로 향하여 몸을 180도 돌린다. 왼발을 거두어들여 오른발 뒤쪽 반보(半步)에 이르고, 오른발 발꿈치를 들어올려 우허보(右虛步)로 변한다. 동시에, 오른손이 잡은 장(杖)은 오른팔 아래팔뚝을 밖으로 돌리며, 우(右) 아래쪽 방향으로부터 좌(左) 위쪽 방향으로 향하여 "밀어제쳐(撥)" 나가고, 힘이 장(杖)의 중단(中段)에 도달하며, 몸의 좌측(左側)에 이르고, 장초(杖梢)는 비스듬히 우(右)

(그림 45)

위쪽 방향으로 향하며, 장구(杖鉤)는 몸의 좌측(左側)에 있고, 몸 앞에 비스듬히 세운다. 좌장(左掌)은 몸 앞쪽 아래로 향하여 내려오며, 왼팔 아래팔뚝을 내리면서 밖으로 돌려(시계 반대방향으로 돌린다), 장심(掌心)이 위로 향하며, 왼손 손목부위를 오른팔 아래팔뚝 내측(內側)에 붙인다. 눈은 우(右) 앞쪽 방향을 바라본다. (그림 45)

(2) 오른발이 앞으로 향하여 보(步)를 나가서, 무릎을 굽혀 앞으로 구부리고, 왼다리는 곧게 뻗어 우궁보(右弓步)가 된다. 동시에, 오른팔 아래팔뚝을 안으로 돌리며(시계 반대방향으로 돌린다), 장초(杖梢)가 좌(左) 뒤쪽 방향으로 향하도록 하고, 수심(手心)이 아래로 향하며 장구(杖鉤)를 우(右) 앞쪽 방향으로 향하게 하여서 수평으로 "밀어(推)" 나가고, 힘은 구정(鉤頂)에 도달한다. 좌장(左掌)은 안으로 돌리며, 장심(掌心)이 아래로 향하도록 하여서, 장신(杖身)의 안쪽에 붙인다. 장신(杖身)을 우(右) 앞

(그림 46)

쪽 방향으로 향하여 이동함에 의하여, 좌장(左掌)이 미끄러져서 장초(杖梢)에 이른다. 장신(杖身)은 가로지며 평평하고, 명치와 같은 높이이며, 장초(杖梢)는 왼쪽 옆구리 외측(外側)에 이른다. 눈은 우(右) 앞쪽 방향을 바라본다.(그림 46)

(3) 체중(體重)을 뒤로 이동하며, 오른발을 반보(半步) 거두어 들여서, 우허보(右虛步)가 된다. 동시에, 오른손은 장초(杖梢)를 아래로 향하며 앞으로 향하여 호형(弧形)으로 휘둘러서, 몸 앞쪽 아래 방향으로 향하고, 수심(手心)이 좌(左)로 향한다. 좌장(左掌)은 앞으로 향하여 뻗어 내밀어서, 오른손 손목 위에 덮어 보호한다. 눈은 앞쪽 방향을 바라본다.(그림 47)

(그림 47)

(4) 오른손이 손목 힘을 사용하여서, 장초(杖梢)가 아래로부터

앞쪽 위로 향하도록 "세차게 쳐들어 올려(崩)"[22] 치며, 힘이 장초(杖梢)에 도달한다. 장초(杖梢)는 가슴과 같은 높이이다. 눈은 장초(杖梢)를 바라본다. (그림 48)

(그림 48)

---

22) 역자註 : 붕(崩)은 병기(兵器)의 끝부분을 이용하여, 아래에서 위로 향하거나 혹은 좌우로 가로지게 쪼아대는 듯이 공격하는 방법이며, 손목에 돌연하게 힘을 들여서 폭발시키는 듯이 짧고 촉박하게 가격한다. 검(劍)이나 장(杖)과 같은 짧은 병기의 붕법(崩法)은, '어깨를 가라앉히고(沈肩)' '팔꿈치를 내려뜨리며(墜肘)' '손목을 이완시켜서(鬆腕)', 신체의 '완전무결하게 일체를 이룬 경(整勁)'이 팔의 이완된 각 관절을 차례로 통과하여 손부위에 이르며, 그러한 후에 돌연히 폭발적인 힘으로써 손목을 가라앉히며 굽혀 손을 쳐들어서, 힘이 병기의 끝에 이른다.

26. 작작과지(鵲雀過枝) (左式)
까치가 이 가지에서 저 가지로 옮겨가다

왼발이 좌측(左側)으로 향해 1보 뛰어 나가고, 오른발을 이에 따라 들어올려서 왼발 앞에 내리며, 발끝을 땅에 닿고, 발뒤꿈치를 들어올려, 우허보(右虛步)가 된다. 동시에, 오른손은 손목 힘을 사용하여 장초(杖梢)를 아래로 향하고 좌(左)로 향하다 위로 향하며 우측(右側) 아래 방향으로 향하여 "쪼는 듯이 찍어(點)" 공격하고, 힘은 장초(杖梢)에 도달한다. 장신(杖身)은 평평하고, 무릎과 같은 높이이며, 구첨(鉤尖)은 아래로 향한다. 왼손은 여전히 오른팔 아래팔뚝 위에 붙인다. 눈은 장초(杖梢)를 바라본다. (그림 49)

(그림 49)

27. 작작과지(鵲雀過枝) (右式)
까치가 이 가지에서 저 가지로 옮겨가다

오른발이 우측(右側)으로 향하여 1보 뛰어나가며, 왼발을 들어 올려서 오른발 앞에 내려오고, 발끝이 땅에 닿아, 좌허보(左虛步)가 된다. 동시에, 오른손은 손목 힘을 사용하여 장초(杖梢)를 위로 향하다가 좌측(左側) 아래 방향으로 향하여 "쪼는 듯이 찍어(點)" 공격하고, 힘은 장초(杖梢)에 도달한다. 장신(杖身)은 평평하고, 무릎과 같은 높이이며, 구첨(鉤尖)은 아래로 향한다. 왼손은 여전히 오른팔 아래팔뚝 위에 붙인다. 눈은 장초(杖梢)를 바라본다. (그림 50)

(그림 50)

28. 양편최마(揚鞭催馬)
채찍을 휘둘러 말을 재촉하다

왼발이 앞으로 향하여 반보(半步) 나가고, 무릎을 굽혀 앞으로 구부리며, 오른다리는 곧게 뻗어, 좌궁보(左弓步)가 된다. 동시에, 양 손을 나누어 벌리며, 각각 좌(左) 앞쪽 위 방향과 우(右) 앞쪽 위 방향으로 쳐들어 올린다. 위로 쳐들 때, 오른손은 손목 힘을 사용하여 장초(杖梢)를 우(右) 위쪽 방향으로 향하여 "세차게 쳐들어 올려(崩)" 공격하며, 힘이 장초(杖梢)에 도달한다. 장초(杖梢)는 우(右) 앞쪽 위 방향으로 비스듬히 향하며, 장초(杖梢)는 높이가 머리와 같고, 구첨(鉤尖)은 앞쪽으로 향한다. 좌장(左掌)은 좌(左) 앞쪽 위 방향에 떠받쳐 지탱하고, 장심(掌心)이 아래로

(그림 51)

향하며, 양 손목은 어깨와 같은 높이이다. 눈은 장초(杖梢)를 바라본다. (그림 51)

29. 운용희수(雲龍戱水)
용이 구름을 타고 물놀이를 하다

왼다리는 무릎을 굽혀 완전히 쪼그려 앉으며, 오른발은 우(右) 앞쪽 방향으로 향하여 보(步)를 나가서, 곧게 쭉 내뻗어 평평하게 펴며, 우복보(右僕步)가 된다. 동시에, 오른손이 잡은 장(杖)은 뒤로 향하고 좌(左)로 향하다 아래로 향하며 우(右) 아래 방향으로 향해 비스듬히 "벌려 막고(擋)", 힘은 장초(杖梢)에 도달하며, 오른다리 뒤쪽 위 방향에 멈추고, 구첨(鉤尖)은 뒤로 향하며, 장초(杖梢)는 아랫다리와 같은 높이이다. 좌장(左掌)은 우(右) 아래쪽 방향으로 향해 아래로 내려서 오른쪽 가슴 앞에 이르며, 장심(掌心)이 우(右)로 향하고, 손가락 끝은 위로 향한다. 눈은 장초

(그림 52)

(杖梢)를 바라본다. (그림 52)

30. 노우납거(老牛拉車)
늙은 소가 수레를 끌다

(1) 왼발이 우(右)로 향하여 개보(蓋步)23)하며, 발끝을 밖으로 벌리고, 오른발은 발꿈치를 들어올리며, 양 다리를 굽히고 상체를 앞으로 기울인다. 동시에, 오른손은 손목 힘을 사용하여 장초(杖梢)를 약간 거두어들이며 억류하는 듯하고, 좌장(左掌)은 아래로 내려서 몸 앞에 이르러 장초(杖梢)를 받아 움켜잡으며, 수

(그림 53)

---

23) 역자註 : 개보(蓋步)는 좌우(左右)로 향하여 옆으로 이동하는 기본보법이며,

심(手心)이 아래로 향한다. 동시에 오른손은 손을 놓아 펴며, 장심(掌心)을 축(軸)으로 삼아서 '양 손이 가지런히 잡기(順把握)'로 변하고, 장파(杖把)를 느슨하게 잡으며, 좌(左) 앞쪽 방향으로 향하여 장구(杖鉤)를 "밀어내되(推)", 일방 장구(杖鉤)를 잡으면서, 일방으로는 장초(杖梢)로 향하여 미끄러지며, 미끄러져서 장초(杖梢) 부근에 이르러 움켜잡는다. 좌수심(左手心)은 아래로 향하고, 우수심(右手心)은 위로 향한다. 장구(杖鉤)는 아랫다리와 같은 높이이고, 구첨(鉤尖)은 앞쪽으로 향한다. 눈은 장구(杖鉤)를 바라본다. (그림 53)

(2) 왼발이 좌측(左側) 방향으로 향하여 1보를 가로 뛰어 내딛고, 무릎을 굽혀 앞으로 구부리며, 오른다리는 곧게 뻗어 좌궁보(左弓步)가 된다. 동시에, 왼다리를 나가며 굽히는 기세에 따라서, 양 손은 좌(左) 위쪽 방향으로 향하여 비스듬히 운행하며 돌려 끌어당기고, 힘은 장구(杖鉤)에 도달한다. 장초(杖梢)는 머리와 같은 높이이고, 장구(杖鉤)는 옆구리와 같은 높이이며, 몸 앞에 비스듬히 붙여서, 오른팔 아래팔뚝 위에 놓아두며, 구첨(鉤尖)은 몸 앞쪽으로 향한다. 눈은 우(右) 앞쪽 방향을 바라본다. (그림 54)

교차보(交叉步)의 보형과 유사하다. 개보(蓋步)는 한쪽 발이 다른 발의 앞을 거치며 "덮어(蓋)" 지나서 맞은 편 쪽으로 나가 양 다리가 교차한다.

(그림 54)

요결(要訣)

먼저 상대방 병기를 걸어 올린 후에 가슴을 찌르며, 강태공이 고기를 낚으니 손목을 세차게 쳐들어 올린다.
先掛彼械後戳胸, 太公釣魚把腕崩.

까치가 이 가지에서 저 가지로 옮기는 좌우식(左右式)은, 뛰어 올라 건너뛰는 보법이 날렵하다.
鵲雀過枝左右式, 躡蹦跳躍步法輕.

좌우로 손목을 찍어 차단하는 수법은 교묘하여서, 신선이라도 병기를 내던진다.
　　左右截腕招法妙, 神仙也把兵器扔

말을 달려 적을 쫓듯 급히 보(步)가 나가고, 채찍을 휘둘러 한 번 치니 복사꽃이 붉다.
　　躍馬追敵急上步, 揚鞭一擊桃花紅.

청룡은 본래 물이 있는 곳에 머무르니, 몸을 엎드려 물을 희롱하듯 아래로 공격한다.
　　靑龍本居壬癸地, 伏身戲水往下攻.

늙은 소가 수레를 끌 듯 그대의 다리를 걸어 채니, 당신더러 얼굴을 위로 젖혀 영웅을 찬양하게 한다.
　　老牛拉車勾爾腿, 叫你仰面贊英雄.

제 6 쟁(第六趟)

31. 개산문로(開山問路)
산을 깎아 길을 내다

오른다리가 앞으로 향하여 보(步)를 나가고, 무릎을 굽혀 앞으로 구부리며, 왼다리는 곧게 뻗어 우궁보(右弓步)가 된다. 동시에, 양 손은 '양 손을 가지런히 하여((順把)' 장(杖)을 잡고, 왼손은 뒤로 향하여 끌어당기며, 오른손은 앞으로 향하여 밀어서, 장구(杖鉤)가 위로 향하게 하고, 앞쪽 아래 방향으로 향하여 "쪼개어 패듯이 휘둘러 찍어(劈)" 내려서, 힘이 장구(杖鉤)에 도달한다. 구첨(鉤尖)은 코끝과 같은 높이이고, 장초(杖梢)는 아랫배와 같은 높이이며, 구첨(鉤尖)은 아래로 향한다. 눈은 장구(杖鉤)를 바라본다. (그림 55)

(그림 55)

32. 좌봉통천(左封通天)
왼쪽을 막고 하늘에 닿는다

(1) 오른발 발꿈치와 왼발 발바닥을 축(軸)으로 삼아, 좌(左)로 향하여 몸을 180도 돌린다. 동시에, 몸을 돌려 움직이는 기세에 따라서 장구(杖鉤)를 우(右)로부터 뒤로 향하고 아래로 향해 휘둘러서 몸 우(右) 아래 방향에 이르며, 구첨(鉤尖)은 앞쪽으로 향한다. 눈은 앞 방향을 바라본다. (그림 56)

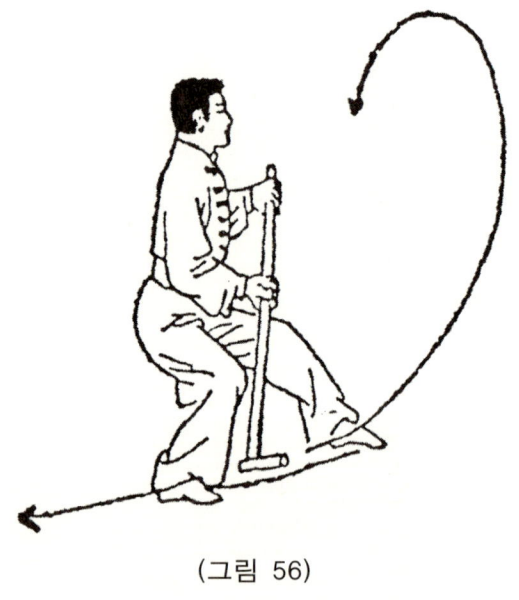

(그림 56)

(2) 상체의 움직임은 멈추지 않고, 왼손은 앞쪽 위 방향으로 향하여 장(杖)을 "밀어 돌려 제치고(撥)", 오른손은 미끄러져 장파(杖把)에 이르며, 그러한 후에 왼발을 뒤로 1보 물러나서 무릎을 굽히고, 오른다리는 조금 굽히며, 우허보(右虛步)가 된다. 동시

에, 장(杖)의 중단(中段)을 역점(力點)으로 삼아서, 왼손이 좌(左) 뒤쪽 아래 방향으로 향하고, 오른손은 좌측(左側) 위쪽 방향으로 향하여 밖으로 "저지하여 막는다(格)". 장구(杖鉤)는 높이가 가슴과 같고, 구첨(鉤尖)은 좌(左)로 향한다. 눈은 앞쪽 방향을 바라본다. (그림 57)

(그림 57)

(3) 오른발이 앞으로 향하여 반보(半步)를 나가고, 무릎을 굽혀 앞으로 구부리며, 왼다리를 곧게 뻗어 우궁보(右弓步)가 된다. 동시에, 왼손이 앞쪽 위 방향으로 향하여 장(杖)을 "찌르며(戳)", 오른손은 미끄러져 왼손 앞에 이르고, 힘은 구정(鉤頂)에 도달한다. 장구(杖鉤)는 머리와 같은 높이이고, 구첨(鉤尖)은 좌(左)로 향한다. 눈은 장구(杖鉤)를 바라본다. (그림 58)

(그림 58)

33. 달마포장(達摩抱杖)
달마가 지팡이를 품다

(1) 오른발 발꿈치와 왼발 발바닥을 축(軸)으로 삼아, 우(右)로 향하여 90도 돌리면서. 오른발 발끝을 밖으로 벌리고, 왼발 발꿈치를 들어올린다. 동시에, 오른팔 아래팔뚝을 안으로 돌리며 구첨(鉤尖)을 좌(左)로부터 우(右) 방향으로 돌린다. 돌아 움직이는 동시에, 왼손은 우(右)로 향하여 장초(杖梢)를 "밀어서(推)", 양 아래팔뚝을 교차하며, 오른팔 아래팔뚝이 위에 있고, 왼팔 아래팔뚝이 아래에 있다. 상체를 비틀어 돌리는 기세에 따라서, 양손은 장신(杖身)을 왼쪽 어깨에 붙여서 뒤쪽 아래 방향으로 향해

거두어 끌어당긴다. 장초(杖梢)는 오른쪽 과(胯) 앞에 있고, 장구(杖鉤)는 몸 좌측(左側)에 있으며, 이마와 같은 높이이고, 구첨(鉤尖)은 앞으로 향하며, 몸 앞에 비스듬히 "품어 안는다(抱)". 눈은 장구(杖鉤)를 바라본다. (그림 59)

(그림 59)

(2) 왼발이 앞으로 향해 보(步)를 나가고, 무릎을 굽혀 앞으로 구부리며, 뒤쪽 다리는 곧게 뻗어 좌궁보(左弓步)가 된다. 동시에, 오른손을 축(軸)으로 삼아, 왼손을 좌(左)로 향해 거두어 끌어당겨서, 장구(杖鉤)를 돌려 머리 우측(右側)으로 향하도록 한다. 구첨(鉤尖)이 앞쪽으로 향할 때, 양 손은 장파(杖把)를 좌(左) 앞쪽 방향으로 향하여 가로지게 "타격하며(擊)", 힘은 장파(杖把)에 도달한다. 오른팔은 곧게 펴며, 수심(手心)이 위로 향하고, 왼팔은 조금 굽히며, 수심(手心)이 아래로 향한다. 구첨(鉤尖)은 비스듬히 좌(左) 앞쪽 방향으로 향하고, 장구(杖鉤)는 코끝과 같은

높이이며, 장초(杖梢)는 장구(杖鉤)보다 약간 낮다. 눈은 장파(杖把)를 바라본다. (그림 60)

(그림 60)

34. 웅응반선(雄鷹盤旋)
독수리가 빙빙 돌다

오른발이 왼발 앞으로 향하여 보(步)를 나가서, 발끝을 밖으로 벌리며, 무릎을 굽혀 앞으로 구부리고, 왼다리는 굽히며, 왼발 발꿈치를 들어올리고, 상체(上體)는 우(右)로 향하여 비틀어 돌려 교차보(交叉步)가 된다. 동시에, 오른팔 아래팔뚝을 안으로 돌리며, 양 손은 합하는 힘을 사용하여 장구(杖鉤)를 좌(左)로 향하고 아래로 향해 호형(弧形)으로 휘둘러서, 장신(杖身)이 수평이 되었을 때에 이르러, 왼손이 장(杖)에서 이탈하고, 왼팔을 구부리며, 몸 좌(左) 앞쪽 방향으로 향하여 벌려 나가고, 수심(手心)이 비스듬히 아래로 향하며, 손가락 끝이 우(右)로 향하고, 손목 높이는 어깨보다 약간 낮다. 오른손이 잡은 장(杖)은 장구(杖鉤)를 아래로 향하고 우(右)로 향하여 "걸어 채어(鉤)" 나가서, 오른 다리 무릎 외측(外側)에 멈춘다. 구첨(鉤尖)은 비스듬히 우(右) 아래쪽 방향으로 향한다. 상체는 조금 앞으로 기울인다. 눈은 구첨(鉤尖)을 바라본다. (그림 61)

(그림 61)

35. 초부감시(樵夫砍柴)
나무꾼이 장작을 패다

(1) 오른손이 잡은 장(杖)은, 몸 좌측(左側)으로 향하여 벌려서 좌(左) 아래쪽 방향에 이르고, 왼손을 아래로 내려서 오른쪽 겨드랑이 아래에 이른다. 눈은 앞쪽 방향을 바라본다. (그림 62)

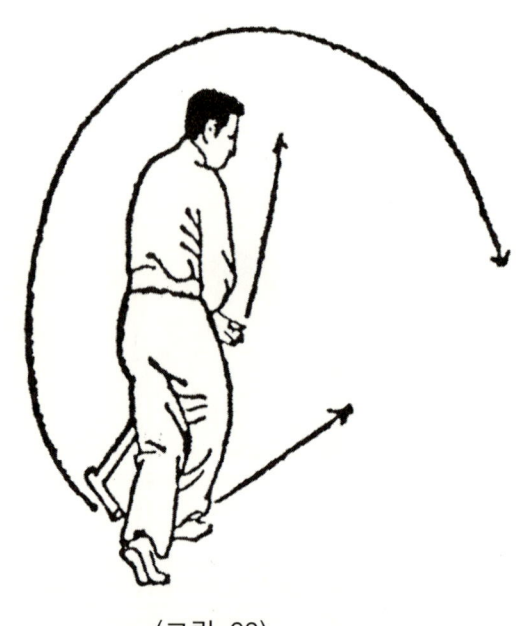

(그림 62)

(2) 왼발이 오른발 앞으로 향하여 보(步)를 나가서, 무릎을 굽혀 앞으로 구부리며, 오른다리는 곧게 뻗어 좌궁보(左弓步)가 된다. 동시에, 오른손이 잡은 장(杖)은 좌(左)로부터 위로 향하다 앞쪽 아래 방향으로 향해 "쪼개어 패듯이 휘둘러 찍어(劈)" 나가고,

힘은 장파(杖把)에 도달한다. 장신(杖身)은 수평이며, 신체와 직각(直角)을 이루고, 구첨(鉤尖)은 아래로 향하며, 높이는 사타구니와 같다. 왼손은 아래로 향하다 좌(左) 위로 향해 휘돌아 가서, 머리 좌(左) 위쪽 방향에 "떠받쳐 지탱하며(架)", 수심(手心)이 밖으로 향하고, 손가락 끝은 비스듬히 위로 향한다. 눈은 장구(杖鉤)를 바라본다. (그림 63)

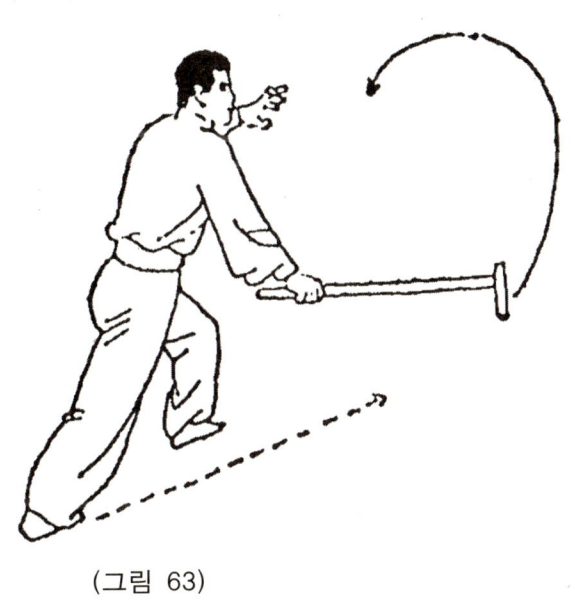

(그림 63)

36. 투마회두(套馬回頭)
올가미로 말의 목을 훑쳐 고개를 돌이키다

(1) 오른발이 보(步)를 나가고, 무릎을 굽혀 앞으로 구부리며, 왼다리는 곧게 뻗어 우궁보(右弓步)가 된다. 동시에, 오른손이 잡

은 장(杖)은, 아래로부터 앞쪽 위 방향으로 향하여 휘돌아 가며, 좌(左)로 향하여 "걸어 채워 가둔다(勾掛)". 장구(杖鉤)는 머리와 같은 높이이고, 구첨(鉤尖)은 좌(左) 뒤쪽 방향으로 향한다. 왼손은 아래로 향하여 내려서 장초(杖梢)의 안쪽 옆에 이르고, 기울여 세운 장(掌)이 된다. 눈은 장구(杖鉤)를 바라본다. (그림 64)

(그림 64)

(2) 상체를 우(右)로 향하여 비틀어 돌린다. 오른손이 잡은 장(杖)은, 상체를 비틀어 돌리는 기세를 이용하여 뒤로 향하여 거두어 "끌어당긴다(拉)". 동시에 좌장(左掌)은 장신(杖身)의 안쪽 측면을 따라 밀며 미끄러져서 장구(杖鉤)에 이르고, 힘은 장구(杖鉤)에 도달한다. 장초(杖梢)는 옆구리와 같은 높이이고, 장구(杖鉤)는 목과 같은 높이이며, 구첨(鉤尖)은 좌(左)로 향한다. 눈은 장구(杖鉤)를 바라본다. (그림 65)

(그림 65)

요결(要訣)

상대방이 몸 뒤로 와서 몰래 습격하니, 몸을 돌리며 미간을 겨누어 후려친다.

彼來身後暗襲擊, 轉身照準天門劈.

좌로 향하여 적의 병기를 막아 나가고, 기세를 타서 장(杖)을 전진하여 얼굴을 찌른다.

向左封出敵兵器, 就勢進杖戳面皮.

달마가 장(杖)을 품어 있으니 상대방이 들어오기 어렵고, 장

(杖)을 휘둘러 머리를 공격하는 수법이 기묘하다.
　達摩抱杖人難進, 揮杖擊頭招法奇.

독수리가 빙빙 돌며 토끼를 찾으니, 아래로 걸어 채워 상대방 병기를 구금한다.
　雄鷹盤旋覓玉兔, 下面勾掛彼兵器.

상대방이 진격하면 나는 날쌔게 피하니 지탱하여 막지 않고, 모습을 감추며 보(步)를 휘돌아 손목을 공격한다.
　彼進吾閃不招架, 隱形繞步把腕擊.

올가미로 말의 목을 훑쳐 고개를 돌이키듯 목덜미를 걸어 채고, 편자 같은 무쇠 장(掌)이 갈퀴를 막아 완강한 적을 사로잡는다.
　套馬回頭勾脖頸, 鐵掌封勾擒頑敵.

제 7 쟁(第七 趟)

37. 찰지성천(扎地成泉)
땅을 찔러 샘을 이루다

(1) 오른발이 뒤로 향하여 1보 물러나고, 왼다리는 무릎을 굽혀 앞으로 구부려서, 좌궁보(左弓步)가 된다. 동시에, 왼손이 장구(杖鉤)를 움켜잡고, 앞쪽으로부터 위로 향하다 안쪽으로 향해 거두어 "끌어당기며(拉)", 오른손은 장초(杖梢)를 아래로 향하고 앞쪽으로 향해 "치켜 걷어 올려(撩)" 나간다. 장구(杖鉤)는 좌(左)로 향하고, 힘은 장초(杖梢)에 도달한다. 눈은 장초(杖梢)를 바라본다. (그림 66)

(그림 66)

(2) 왼발을 거두어들여 오른발의 내측(內側)에 이르고, 왼다리 무릎을 굽히며, 왼발 발끝을 땅에 닿고, 오른다리는 무릎을 굽혀 반쯤 웅크려 앉아서, 좌정보(左丁步)가 된다. 동시에, 왼손이 장구(杖鉤)를 잡아, 아래로 향하다 앞쪽으로 향하고 위로 향하며,

오른손은 장초(杖梢)를 잡아 위로 향하다 뒤쪽으로 향하고 아래로 향해 하나의 세운 원(圓)으로 휘둘러서, 장(杖)을 몸 좌측(左側)에 세우고, 장초(杖梢)가 땅을 찌르며, 구첨(鉤尖)이 뒤쪽으로 향한다. 눈은 앞쪽 방향을 바라본다.(그림 67)

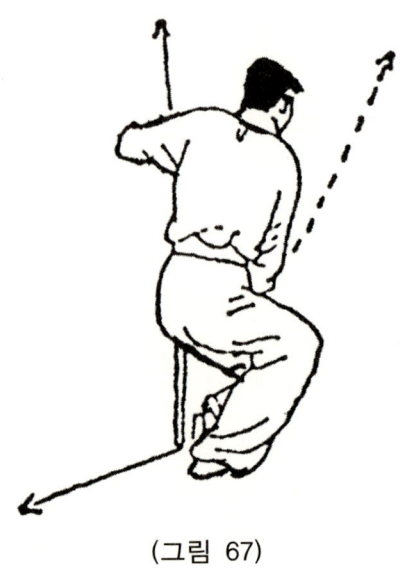

(그림 67)

38. 백원헌곤(白猿獻棍)
흰 원숭이가 막대기를 바치다

(1) 왼발이 뒤로 1보 물러나고, 왼다리 무릎을 굽혀 반쯤 웅크려 앉으며, 오른다리는 조금 굽히고, 발바닥을 땅에 닿아서, 우허보(右虛步)가 된다. 동시에, 왼손은 위로 향하여 장(杖)을 뽑아내고, 오른손은 미끄러져 장초(杖梢)에 이르며, 그러한 후에 양

손을 위로 들어올려 머리보다 높고, 장신(杖身)은 수평을 이루며, 구첨(鉤尖)은 앞쪽으로 향한다. 눈은 앞쪽 방향을 바라본다. (그림 68)

(그림 68)

(2) 오른발이 반보(半步) 나가고, 오른다리 무릎을 굽혀 앞으로 구부리며, 왼발이 따라서 반보(半步) 나가, 우궁보(右弓步)가 된다. 동시에, 왼손이 장(杖)에서 이탈하고, 오른손은 장구(杖鉤)를 뒤로 향하다 위로 향하여 "제쳐 돌리며(撥)", 왼손은 다시 장(杖)을 움켜잡고, 양 손은 장구(杖鉤)를 "제쳐 돌리면서(撥)" 앞쪽 방향으로 "비스듬히 쪼개어 패듯이 휘둘러 찍고(斜劈)", 힘이 장구(杖鉤)에 도달하며, 구첨(鉤尖)은 비스듬히 아래로 향한다. 눈은 앞쪽 방향을 바라본다. (그림 69)

(그림 69)

39. 와룡등공(臥龍騰空)
엎드린 용이 하늘로 오르다

 (1) 중심(重心)을 뒤로 이동하며, 왼다리는 무릎을 굽혀 아래로 웅크려 앉고, 오른다리는 조금 굽혀서, 우허보(右虛步)가 된다. 동시에, 오른손은 좌(左) 뒤쪽 아래 방향으로 향하여 장(杖)을 "당겨 빼내고(抽)", 왼손은 위로 미끄러져 장파(杖把)에 이른다. 눈은 앞쪽 방향을 바라본다. (그림 70)

 (2) 오른발이 반보(半步) 나가고, 오른다리 무릎을 굽혀 앞으로 구부리며, 왼발이 따라서 반보(半步) 나가, 우궁보(右弓步)가 된

(그림 70)

다. 동시에, 오른손이 왼손으로 향하여 미끄러지며 이동하여, 장초(杖梢)를 "제쳐 돌리며(撥)" 아래로부터 앞쪽 위 방향으로 향

(그림 71)

하여 "치켜 걷어올려(撩)" 타격하고, 힘이 장초(杖梢)에 도달한다. 장초(杖梢)는 높이가 머리와 같고, 구첨(鉤尖)이 우(右)로 향한다. 눈은 앞쪽 방향을 바라본다.(그림 71)

40. 청룡파미(靑龍擺尾)
청룡이 꼬리를 휘젓다

(1) 오른발이 보(步)를 물러나며, 동시에 양 손은 장초(杖梢)를 아래로 향하고 우(右) 뒤쪽으로 향하여 "제쳐 휘돌려서(撥)", 구첨(鉤尖)이 아래로 향한다. 눈은 좌(左) 앞쪽 방향을 바라본다. (그림 72)

(그림 72)

(2) 상체의 움직임은 멈추지 않고, 왼발이 보(步)를 물러나며, 동시에 양 손은 장초(杖梢)를 위로 향하고 앞으로 향하다 아래로 향하며 좌(左) 뒤쪽으로 향하여 "제쳐 휘돌려서(撥)", 구첨(鉤尖)이 위로 향한다. 눈은 좌(左) 앞쪽 방향을 바라본다. (그림 73)

(그림 73)

(3) 상체의 움직임은 멈추지 않고, 양 손은 장초(杖梢)를 위로 향하고 앞으로 향하다 아래로 향하여 "제쳐 휘돌린다(撥)". 오른발을 들어올리며, 장초(杖梢)가 오른발 아래를 지나가고, 다시 위로 향하다 앞쪽 아래 방향으로 맹렬하게 "내려치며(砸擊)"[24], 힘은 장초(杖梢)에 도달한다. 장초(杖梢)가 땅에 접촉하고, 구첨

---

24) 역자註 : 아래로 내려치기 전에, 그림 73에 표시된 원형(圓形)으로 두 차례를 휘돌리는 동작은, 왼손이 장파(杖把)를 잡아 위치를 고정하고, 오른손으로 휘감아 돌려서, 장초(杖梢)를 휘돌려 감아 휘젓는 동작이다.

(鉤尖)이 아래로 향한다. 동시에, 왼다리는 무릎을 굽혀 아래로 웅크려 앉고, 오른다리는 곧게 뻗어서, 좌궁보(左弓步)가 된다. 눈은 우(右) 앞쪽 방향을 바라본다. (그림 74)

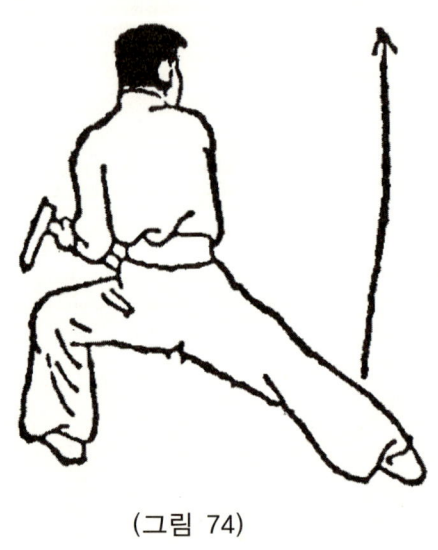

(그림 74)

41. 야차탐해(夜叉探海)
야차가 바다를 쑤셔 뒤지다

(1) 왼손이 좌(左) 아래 방향으로 향하여 장(杖)을 "당겨 빼내며(抽)", 오른손은 미끄러져 장초(杖梢)에 이르면서 들어올린다. 장초(杖梢)는 머리와 같은 높이이고, 구첨(鉤尖)은 비스듬히 아래로 향한다. 눈은 우(右) 앞쪽 방향을 바라본다. (그림 75)

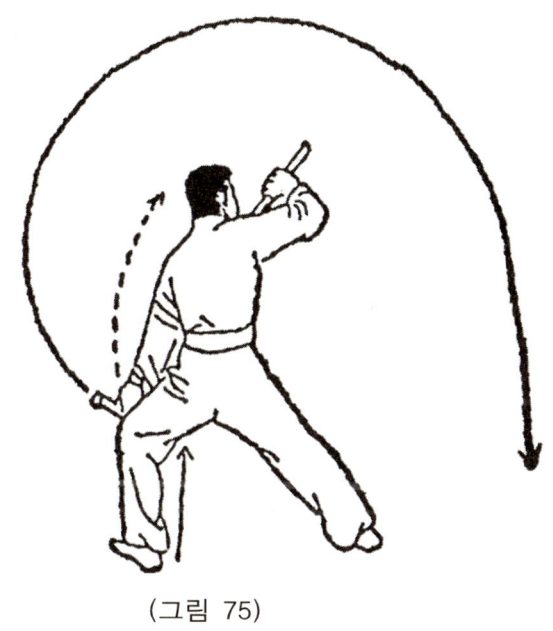

(그림 75)

(2) 오른다리를 똑바로 곧게 세우며, 왼다리는 무릎을 들어올려서, 우독립보(右獨立步)가 된다. 동시에, 오른팔 아래팔뚝을 밖으로 돌리며(시계방향으로 돌린다), 장구(杖鈎)를 "제쳐 돌리며(撥)" 위로 향하다 앞쪽 아래 방향으로 "휘둘러 내려찍는다(掄劈)". 상체(上體)는 앞으로 기울이고, 힘은 장구(杖鈎)에 도달하며, 구첨(鈎尖)은 아래로 향한다{구첨(鈎尖)은 땅에서 약 반척(半尺: 15cm)가량 떨어져 있다}. 왼손은 장(杖)에서 이탈하여 왼쪽 이마 앞에 받쳐 들어 지탱한다. 눈은 장구(杖鈎)를 바라본다. (그림 76)

(그림 76)

42. 간풍사타(看風使舵)
바람을 보아 키를 조종하다

왼발이 뒤로 향하여 큰 1보를 물러나고, 왼다리 무릎을 굽혀 반쯤 웅크려 앉으며, 체중을 뒤로 이동하여 왼다리로 오고, 오른 다리는 뒤로 향하여 발을 끌며 반보(半步) 거두어들여서, 우허보 (右虛步)가 된다. 동시에, 오른손은 손목 힘을 사용하여 장구(杖鉤)를 위로 "쳐들어 올리며(挑)" 거두어 이끌어오고, 좌장(左掌)은 아래로 내려서 왼쪽 가슴 앞에 이르러 "양 손이 마주하여(對把)" 장(杖)을 잡는다. 구첨(鉤尖)은 앞쪽으로 향하고, 장구(杖鉤)는 왼쪽 어깨 앞에 있다. 장초(杖梢)는 오른다리 우측(右側)에 있고, 몸 앞에 비스듬히 세운다. 눈은 앞쪽 방향을 바라본다. (그림 77)

(그림 77)

요결(要訣)

   상대방이 만약 나의 아랫도리를 공격하면, 땅을 찔러 샘을 이루며 상대방 병기를 막는다.
   彼若將我下盤攻, 扎地成泉攔彼兵.

   흰 원숭이가 막대기를 바치려 머리 위로 쳐들고, 막대기를 잡아 억세게 후려 패는 수법이 훌륭하다.
   白猿獻棍頭上擧, 沾棍硬劈招法精.

   엎드린 용이 하늘에 올라 구름 속으로 가고, 승천한 용이 구름에 들어가서 조화를 부린다.
   臥龍騰空雲裡去, 雲龍入雲顯本能.

상대방이 제쳐 휘돌며 연속하여 나를 공격하면, 나는 청룡이 꼬리를 휘젓는 수법을 사용하여 맞이한다.
彼撥連環攻擊我, 我用靑龍擺尾迎.

허리를 가로지르는 장(杖)을 당신은 피하려 하나, 야차가 바다를 쑤셔 뒤지니 피할 곳이 없다.
爾要躱過攔腰杖, 夜叉探海走無空.

허보(虛步)로써 보(步)를 품어 문을 지키고, 바람을 보아 키를 조종하며 나아가 공격함을 기다린다.
虛步抱步守門戶, 看風使舵蓄進攻.

제 8 쟁(第 八 趟)

43. 순좌요의(順左撩衣)
왼쪽을 따라서 옷을 걷어 올리다

오른손을 놓아 펼쳐서, 장심(掌心)으로 장(杖)을 받쳐 들며, 허리를 조금 좌(左)로 돌린다. 양 손은 장초(杖梢)를 앞쪽 아래 방향으로부터 위로 향하다 좌(左)로 향해 호형(弧形)으로 휘두르며, 일방 오른손은 호형(弧形)으로 휘두르면서 일방으로는 왼손으로 향하여 미끄러져 이동하여 접근하고, "양 손이 가지런히(順把)" 장(杖)을 잡으며, 양 손은 장초(杖梢)를 계속하여 뒤로 향하

(그림 78)

다가 아래로 향해 호형(弧形)으로 휘두르고, 좌(左) 앞쪽 위 방향으로 향하여 "치켜 걷어올려(撩)" 나가며, 힘은 장초(杖梢)에 도달한다. 동시에, 왼발은 앞쪽으로 향하여 보(步)를 나가고, 왼다리 무릎을 굽혀 앞으로 구부리며, 오른다리는 곧게 뻗어서, 좌궁보(左弓步)가 된다. 양 손목은 얼굴 앞에서 교차하고, 장신(杖身)은 수평이 되며, 높이는 코와 같고, 구첨(鉤尖)은 위로 향한다. 눈은 장초(杖梢)를 바라본다. (그림 78)

44. 순우요의(順右撩衣)
오른쪽을 따라서 옷을 걷어 올리다

오른발이 앞으로 향하여 보(步)를 나가고, 오른다리 무릎을 굽

(그림 79)

혀 앞으로 구부리며, 왼다리는 곧게 뻗어서, 우궁보(右弓步)가
된다. 동시에, 양 손은 장초(杖梢)를 위로 향하고 우(右)로 향하다
가 아래로 향하여 호형(弧形)으로 휘두르고, 우(右) 앞쪽 위 방향
으로 향하여 "치켜 걷어올려(撩)" 나가며, 힘은 장초(杖梢)에 도
달한다. 장신(杖身)은 수평이 되며, 높이는 코와 같고, 구첨(鉤尖)
은 위로 향한다. 눈은 장초(杖梢)를 바라본다. (그림 79)

45. 좌봉타우(左封打右)
왼쪽을 막고 오른쪽을 때린다

양 손은 장초(杖梢)를 좌(左) 위쪽 방향으로 향하여 조금 "제쳐
휘돌린다(撥)". 즉시 왼발이 앞쪽으로 향하여 보(步)를 나가고,
왼다리 무릎을 굽혀 앞으로 구부리며, 오른다리는 곧게 뻗어서,
좌궁보(左弓步)가 된다. 동시에, 왼손이 장(杖)에서 이탈하고, 오
른팔은 아래팔뚝을 안으로 돌리며, 장초(杖梢)가 몸 앞에서 하나
의 작은 원(圓) 형태를 휘두르게 하고, 우(右) 앞쪽 방향으로 향하
여 "가로지게 타격한다(橫擊)". 수심(手心)이 아래로 향하고, 힘
은 장초(杖梢)에 도달한다. 구첨(鉤尖)은 우(右)로 향하고, 장초
(杖梢)는 머리와 같은 높이이다. 왼팔은 조금 굽히며, 좌장(左掌)
은 몸 좌측(左側)에 벌려 지탱하며, 손목은 어깨와 같은 높이이
고, 수심(手心)은 비스듬히 아래로 향하며, 손가락 끝은 비스듬
히 앞쪽으로 향한다. 눈은 장초(杖梢)를 바라본다. (그림 80)

(그림 80)

46. 우봉타좌(右封打左)
오른쪽을 막고 왼쪽을 때린다

오른팔 아래팔뚝을 조금 밖으로 돌리며, 장초(杖梢)를 우(右) 위쪽 방향으로 향하여 조금 "제쳐 휘돌린다(撥)". 즉시 오른발이 앞쪽으로 향하여 보(步)를 나가고, 오른다리 무릎을 굽혀 앞으로 구부리며, 왼다리는 곧게 뻗어서, 우궁보(右弓步)가 된다. 동시에, 오른팔은 아래팔뚝을 밖으로 돌리며, 장초(杖梢)가 몸 앞에서 하나의 세운 원(圓) 형태를 휘두르게 하고, 좌(左) 앞쪽 방향으로 향하여 "가로지게 타격하며(橫擊)", 힘은 장초(杖梢)에 도달하고, 수심(手心)이 위로 향하며, 구첨(鉤尖)은 좌(左)로 향하고,

장구(杖鉤)는 가슴 앞에 있으며, 장초(杖梢)는 머리와 같은 높이이다. 좌장(左掌)은 아래로 내려서, 오른팔 아래팔뚝 내측(內側)에 붙인다. 눈은 장초(杖梢)를 바라본다. (그림 81)

(그림 81)

47. 횡당군요(橫擋群妖)
뭇 요괴를 가로 막다

오른발이 뒤로 향하여 보(步)를 물러나고, 왼발 발꿈치와 오른발 발바닥을 축(軸)으로 삼아서, 우(右)로 향하여 몸을 180도 돌린다. 오른다리는 무릎을 굽혀 앞으로 구부리고, 왼다리는 곧게 뻗어, 우궁보(右弓步)가 된다. 오른손이 잡은 장(杖)은, 몸을 뒤로 돌리는 기세에 따라서 장초(杖梢)를 우(右) 뒤쪽 방향으로 향하여 가로지게 "휘둘러 막고(擋)", 힘은 장초(杖梢)에 도달한다. 왼팔은 조금 굽혀서, 좌장(左掌)을 몸 좌측(左側)에 벌려 지탱하며, 손목은 어깨와 같은 높이이다. 장신(杖身)은 수평이 되고, 머리와 같은 높이이며, 장초(杖梢)는 몸 우(右) 앞쪽 방향에 있다. 눈은 장초(杖梢)를 바라본다. (그림 82)

(그림 82)

48. 회두봉자(回頭棒子)
몽둥이를 되돌리다

왼다리를 굽히며, 체중을 뒤로 이동하고, 오른발은 반보(半步) 거두어들여서, 발끝이 땅에 닿아, 우허보(右虛步)가 된다. 동시에, 오른팔은 아래팔뚝을 밖으로 돌리며, 장초(杖梢)를 아래로 향하여 호형(弧形)으로 휘두르고(직경이 약 20cm 크기의 곡선으로 휘돌린다), 다시 좌(左)로 향하여 "가로지게 타격하며(橫擊)", 힘은 장초(杖梢)에 도달한다. 왼손은 아래로 내려서 오른팔 아래 팔뚝 내측(內側)에 붙인다. 장초(杖梢)는 가슴과 같은 높이이다. 눈은 장초(杖梢)를 바라본다. (그림 83)

(그림 83)

요결(要訣)

상대방 병기를 좌우로 막아 나가고, 연속하여 보(步)가 나아가며 연이어 옷을 걷어 올린다.

左右封出彼兵器, 進步連環緊撩衣.

상대방의 힘을 변화시키며 위로 때리고, 제비가 하늘로 뚫고 들어가니 상대방의 예상을 벗어난다.
化彼之力朝上打, 燕子鑽天出彼意.

왼쪽을 막고 오른쪽을 때리니 막자마자 바로 때리고, 오른쪽을 막고 왼쪽을 때리니 막는 것도 또한 공격이다.
左封打右招卽打, 右封打左封亦擊.

막는 수법이 바로 때리는 것이니 수법이 교묘하여서, 선계(仙界)의 신선도 피하기 어렵다.
封招卽打招法妙, 大羅神仙難躱避.

몸을 되돌리며 장(杖)을 휘둘러 3면을 때리고, 뭇 요괴를 가로막으니 저 세상으로 간다.
回身掄杖打三面, 橫擋群妖命歸西.

요괴를 막는 장(杖)을 머리 숙여 피하면, 몽둥이를 한번 되돌리니 수법이 기이하다.
低頭躱過擋妖杖, 回頭一棒招法奇.

수세(收勢)

(1) 오른손은 손목 힘을 사용하여 장초(杖梢)를 아래로 향하고 뒤로 향하다 위로 향하며 앞으로 향하여서 하나의 세운 원(圓)의

형태로 휘돌린다. 장신(杖身)은 수평이 되고, 배와 같은 높이이며, 장초(杖梢)는 앞쪽 방향으로 가리키고, 구첨(鉤尖)은 아래로 향한다. 눈은 장초(杖梢)를 바라본다.(그림 84)

(그림 84)

(2) 오른발 발꿈치는 조금 안쪽으로 조절하여 땅을 밟고, 왼발은 오른발로 향하여 접근하며 보(步)를 합해 나란히 하여 똑바로 선다. 동시에, 왼손은 장구(杖鉤)의 안쪽으로 향하여 내밀어서, 오른손 아래에 위치하며, 양 장(掌)이 서로 마주하고, 왼손의 호구(虎口)가 장구(杖鉤)로 향하여서 장(杖)을 받아 쥔다. 오른손은 펴서 장(杖)을 놓으며, 왼손은 장(杖)을 잡아 장초(杖梢)를 아래로 향하고 뒤쪽으로 향하다 위로 향하여 호형(弧形)으로 휘돌려서, 똑바로 세워 왼팔 뒤에 붙이고, 장초(杖梢)는 위로 향하며, 구첨

(그림 85)　　　　　　(그림 86)

(鉤尖)은 앞쪽으로 향한다. 오른손은 우(右)로 향하고 위로 향해 호형(弧形)으로 휘둘러서, 머리 위쪽 방향에서 손목을 "흔들어 뿌리치며(甩)" 장(掌)을 드러낸 후에, 자연스럽게 아래로 내려뜨린다. 눈은 앞쪽 방향을 바라본다.[25] (그림 85·86)

---

25) 역자註 : 간단하며 교묘한 동작으로 연속하여 공격할 수 있고, 필요한 최소한의 동작으로 치명적인 위력을 발휘할 수 있도록 편성된 훌륭한 단봉술이다. 권술이나 병기술을 막론하고, 단순하며 손쉬운 동작일수록 진정한 위력이 있어 실용적이다. "아주 교묘한 것은 겉으로는 졸렬하게 보인다(大巧若拙)"라는 말이 이 봉술에 대한 적절한 평가라 하겠다. 간단한 것을 꾸며내 복잡하게 만들어 현혹시키기는 쉬워도, 군더더기를 없애 정수(精髓)만 모아서 간단하고 쉽게 축약시키기는 오히려 교묘하고 어렵겠다. 무술속담에 이르기를, "잠깐이면 배워서 할 수 있지만, 제대로 수련하려면 오랜 시간이 걸린

다(學會三天, 練好三年)"라고 하는데, 단순하게 보이며 쉬운 동작일지라도 진정으로 익숙하여 공력을 갖추려면, 그 동작이나 동작 과정의 자세 중에 세밀하게 추구할 공부(功夫)는 많다. 소림권의 운동방식은 동작이 빠르고 강(剛)하다고 일반적으로 알려져 있으나, 수련은 다양한 방법으로 할 수 있으며, 처음에는 느리고 부드러운 동작으로 하면서 바른 자세를 가다듬어야 한다. 한 초식씩 반복 수련하되, 무턱대고 기계적으로 판에 박은 듯이 반복하는 것이 아니라, 정신을 집중하여 "마음으로 운용하고 힘으로 운용하지 않으며(用意不用力)", 두뇌를 사용하여 지혜롭게 수련하여 자신이 스스로 깨달아야 하니, 결국 무술수련은 마음의 지혜를 수련하는 것이겠다.

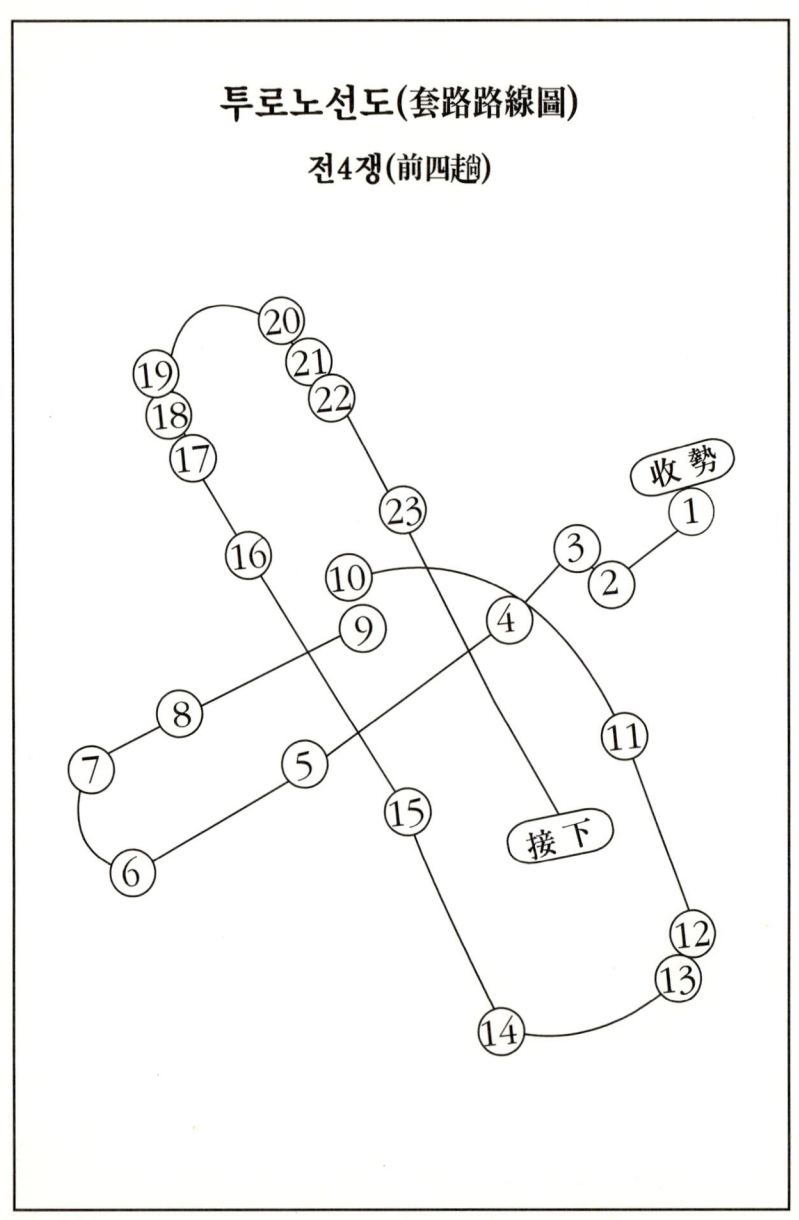

후4쟁(後四趟)

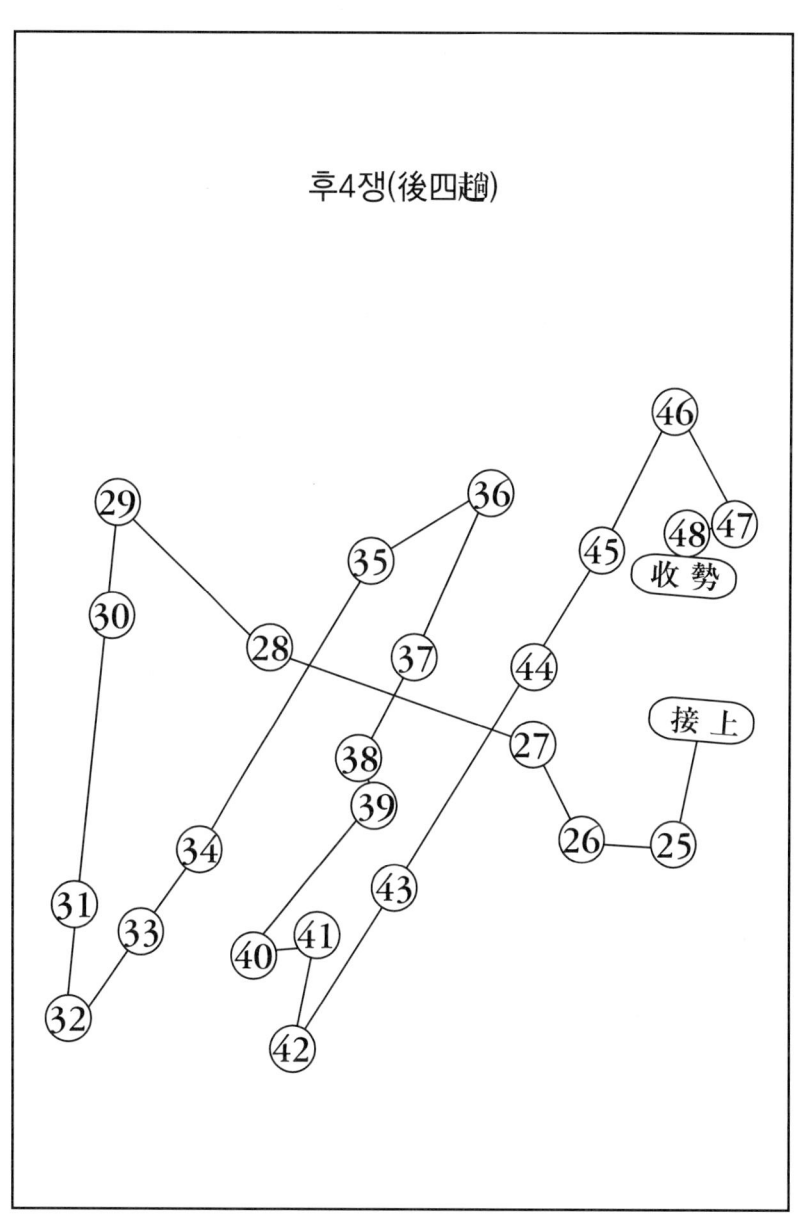

역자후기

"미국 플로리다주 잭슨빌 교외에서 혼자 사는 빌 카터(56세)씨는 지난해 4월 집에 들어 온 침입자를 발견했다. 그는 들고 있던 지팡이의 구부러진 손잡이로 침입자의 목을 졸라 간단히 제압했다. 카터씨는 '케인-푸(Cane Fu)'를 배웠다.

미국의 은퇴자 마을이나 노인센터에서 지팡이를 이용한 무술인 '케인-푸' 강좌가 인기를 끌고 있다고 월스트리트저널(WSJ)이 보도했다. 케인-푸는 '지팡이(cane)'와 중국무술 '쿵푸(kung-fu·功夫)'의 합성어다.……

WSJ에 따르면 케인-푸를 노인들에게 널리 보급시킨 데는 태권도와 합기도의 고수인 마크 슈에이(Shuey·61)의 공이 크다. 슈에이는 10년 전 자신의 아버지가 지팡이를 짚고 다니기 시작할 무렵 노인들이 공격을 받고도 지팡이로 방어하는 방법을 모른다는 보도를 접했다. 그때부터 그는 노인들을 위해 지팡이를 사용하는 무술을 연구해 전파하기 시작했다. 2년 만에 그가 길러낸 케인-푸 사범은 300여명이나 된다. (2008년 7월 14일 조선일보 : 변희원 기자)"

역자가 추측건대, 지팡이의 구부러진 손잡이로 목을 졸라 사로잡는 수법은, 이 달마장(達摩杖)의 투마회두(套馬回頭 : 올가미로 말의 목을 훑쳐 고개를 돌이키다) 초식과 유사할 것이다. 일상생활에서 흔히 접할 수 있는 지팡이나 짧은 막대기 혹은 우산 등을 이용하여 자신과 가정을 지킬 수 있다면, 더욱이 건강

과 재미도 얻을 수 있다면, 이 공부(功夫)는 한번 해볼 만하지 않은가?

　무술을 배운 적이 없고 체력이 약한 독자도 혼자 익힐 수 있다. 이 달마장(達摩杖)의 동작과 자세 중에, 보통사람이 노력만 하면 흉내 내지 못할 것은 없다. 배우는 것은 흉내 내는 것이다. 한 초식의 자세나 동작을 자꾸 흉내 내다 보면, 비슷해지면서 또한 차츰 자신만의 것을 갖추게 되고, 자신만의 것을 가지면 그 사람은 강해진다.

　중국무술의 장법(杖法)은 또한 봉술(棒術)을 가리키기도 하며, 죽절장(竹節杖) · 구절장(九節杖) · 빈철장(鑌鐵杖) · 이룡희주장(二龍戱珠杖) · 반룡장(盤龍杖) 등의 다양한 투로(套路)가 있고, 현재 일상적인 생활체육으로서 무술을 수련하는 단체(예를 들면 중국 각지에서 유행하는 여러 태극권수련모임)들은 대개 단봉술(短棒術) 한 투로를 편성하여 호신용 병기술(兵器術)로 삼아 수련한다. 장(杖)이나 봉(棒)은 검(劍)이나 창(槍)과는 달리 일상적인 실용성이 높기 때문일 것이다.

　이 달마장(達摩杖)의 초식들은 간단명료하여 배우기 쉽고, 기격적인 수법은 치명적인 위력이 있으며, 단순해 보이는 자세나 동작 하나마다 하려고 들면 무궁히 깊은 공부가 있다.

　러닝머신 위에서 아무데도 가지 못하는 달리기를 하기보다는 달마장 수련이 낫지 않겠는가.

2009년 봄 김태덕 올림

소림단곤달마장

2009년 12월 1일 인쇄
2009년 12월 7일 발행

편저 정경운
번역 김태덕

판 권 | 정경운
발행처 | 두무곡 출판사
　주소 | 서울시 종로구 청운동 53-5
　전화 | 02-723-3327 FAX 02-723-6220
　등록번호 | 제 1-3158호

인쇄처 | 도서출판서예문인화
　주소 | 서울시 종로구 내자동 167-2
　전화 | (02)732-7096~7
　홈페이지 | www.makebook.net

값 9,000 원

ISBN 978-89-956935-4-4 13690

※ 잘못 만들어진 책은 바꾸어 드립니다.
※ 본 책의 그림 및 내용을 무단으로 복사 또는
　 복제할 경우에는 저작권법의 제재를 받습니다.